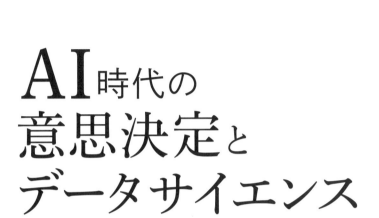

AI時代の
意思決定と
データサイエンス

佐藤洋行
Hiroyuki Sato

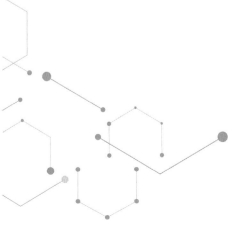

はじめに

我々の生活とデータサイエンス

ICTの進化によって、我々はデータサイエンス[1]の産物に取り囲まれて生活するようになった。インターネットで情報を検索するとき、ほとんどの人がGoogleを利用してキーワード検索をするだろう。そして、同社がデータサイエンスを駆使して順位付けした検索結果リストから、必要な情報（ウェブサイト）を選択しているはずだ。また、そのようにインターネット上で情報を探索していれば、広告に触れる機会も多いだろう。その広告も、データサイエンスを駆使して、できる限り閲覧者の趣味嗜好にあったものが表示されるように選択されていることがほとんどである。

あるいは現在では、写真を撮るのにスマートフォンと別にカメラを持っていることの方が少ないというくらい、スマートフォンでの写真撮影が当たり前になっている。そして、撮影される写真の画質は、スマートフォンの型が新しくなるごとに驚異的に改善されている。これも一つには、データサイエンスを駆使した画像処理技術によるものだ。

もちろん、機械的な技術の進化も急速で、スマートフォンのカメラには、次々と新しい技術が投入されている。しかし、いくら機械が進歩しようとも、スマートフォンのカメラは写真専用のものに比べれば、レンズもセンサーも小さくならざるを得ない。それらが小さいということは、光を集める力が弱いために立体感は出しづらく、暗所での撮影もより難しく、また、写真の隅に向けて出てくる歪みも強くなり、画質の劣化も激しくなってしまう。そのような欠点を補うのがデータサイエンスを駆使した画像処理技術で、各社独自に急速に発展させ、それらの機械的な弱点を感じさせない

---

[1] 後述する通り、データサイエンスというのが何を指すのか、というのは実は明確ではない。詳細は後に譲り、ここでは、データを分析し応用すること全般として読み進めてもらいたい。

写真を撮影することを可能にしている。似たような処理技術は、音楽や動画にも利用され、過去の音源からノイズを除去したり、白黒映像に着色したりして、我々に新たな体験を提供している。

その他にも、我々の身近にあるデータサイエンスの産物の例を挙げれば際限がない。気づけば、データサイエンスの産物が身の回りにあふれている、という状況だ。とは言え、今はまだ、それらのほとんどは主にサイバー空間[2] に存在するものであり、人は能動的にその空間に接近しなければそれらと直接関係することは無い。しかし最近、その状況が変わりつつある。

昨今、先進国はこぞってサイバー空間とフィジカル空間[3] の融合した新たな社会の実現を目指している。例えばドイツでは、「インダストリー4.0」、米国では「先進製造パートナーシップ」などと呼ばれる製造業における産業革新が、官民連携の取り組みとして始まっている。それらは、情報通信技術（ICT）による製造業そのものの効率化というだけではなく、消費者と製造業とをICTによってより直接的に結び付け、サイバー空間での技術の進化を、労働環境や消費環境というフィジカル空間の変化と結び付けることを目指している。日本も例外ではなく、平成28年に閣議決定された科学技術基本計画において、「Society 5.0」というビジョンを掲げ、ビッグデータ、AI（人工知能[4]）とロボットなどを応用した新たな社会の実現への取り組みを始めている。

これらの動きはすべて、IoT社会の実現を基盤としている。IoT社会とは、ICTの発展によりあらゆるモノがインターネットに接続し、相互に連携している社会を指すが、そこでモノ同士が連携するための、いわば「言

---

(2) コンピューターやネットワークの中にあるデータに、多数の人がアクセスして互いに関係するような状態を、仮想的な空間としてとらえたもの。

(3) サイバー空間の対義語として定義される、我々が実際に生活する空間。

(4) これも後述の通り、それが何を指すのか、というのは明確ではない。詳細は後に譲り、ここでは、一般的な概念としての人工知能と捉えて読み進めてもらいたい。

4

葉」となるものの一つがデータである。すでに様々な企業が様々な機器を相互に連携して付加価値を高めることに取り組んでいる。このような状況が続けば、企業は他社との競争の中で更なるデータ活用を目指さざるを得ない。それは、AI関連技術の発展と相まって、データサイエンスを急激に社会に浸透させる結果となるだろう。

　自律走行車（自動運転システムにより走行する自動車）はその象徴的存在だ。これについては、ICTやAI関連技術の発展のみならず、電気自動車関連技術の発展による自動車製造業への参入障壁の低下にも後押しされて、世界的に様々な企業が取り組んでおり、各国政府もその取り組みを推進している。日本でも、2018年6月に閣議決定された「未来投資戦略2018」で、Society 5.0 の「フラッグシッププロジェクト」の先頭に、自律走行車を柱とした「次世代モビリティシステムの構築」を位置づけ、官民一体となった法整備、情報ネットワークの整備や、セキュリティ面での課題克服などを幅広く検討していくことが目指されている。

　必然的に、遠からず自律走行車は広く普及していくだろう。その時、それに最優先で求められるのは、装備された多数のセンサーやインターネットからの入力によって得られた周囲の状況についてのデータを瞬時に分析し、操作に反映することによって、安全に車を動作させることである。もちろん、そのようなデータの分析には、データサイエンスの技術が応用されることになる。そういう意味では、自律走行車はデータサイエンスの産物なのだ。つまり、それが広く普及するということは、データサイエンスの産物がフィジカル空間に進出し、人が受動的にもそれらと直接関係するようになることを示している。

データサイエンスを眺める視点

　このような時代にあって、データサイエンスに関する知識は、もはや一部専門家のみのものではなく、広く一般の人々が教養としてもつべきものであると考える。なぜなら、新たな技術が普及していく過程では、無知や

無関心ゆえの恐怖心は過剰な規制による機会損失を生むことになるし、同様に過信は思わぬ災害の原因になるからである。特に後者について、自分には関係ないと思っていたことが、知らぬ間に自分に被害を及ぼしていた、という例は、過去の公害の歴史を振り返れば枚挙に暇ない。

　また、データサイエンスは非常に応用力に富むために、幅広い産業で利用される。その上、上述のように官民一体となった積極的な応用への取り組みが促進されている。そのようなことを鑑みれば、数年の内には、ほとんどすべての産業でデータサイエンスが何かしら応用されている、という状況もあり得なくはない。そうなれば、社会人としてデータサイエンスを一通り理解することは、今後のビジネス上の成功にとって大きな武器となるだろう。

　そこで本書については、できる限り広範な人々に、データサイエンスの知識を提供することに貢献するものとしたいと考えている。もちろん、データサイエンスに関する著書は、数多く存在する。しかしその多くは、データ分析というのがどういうものか、という視点からそれを語っており、非常に分かりやすく書いてあるものであっても、まったく前提知識が無い読者には中々手を出しづらいところがあるように思う。では、より広範な読者にデータサイエンスに興味をもってもらうために、本書はどのような側面からそれを眺めるべきだろうか。

　詳しくは本文に譲るが、データサイエンスが価値を発揮するには、そのプロセスで生み出される解析の結果が意思決定に貢献しなければならない。そして広く一般の人々は、恐らくデータサイエンスの技術よりも価値に興味があるだろう。であれば、意思決定という視点からみたデータサイエンスを本書にまとめることには、一定の意味があるものと思われる。

　現状で、そのような著書がまったく無いかと言われれば、そうではない。西内（2013）や河本（2013）、プロヴォスト・フォーセット（2014）などは、データサイエンスの技術面を分かりやすくまとめながら、それを意思決定に利用するために必要なことを丁寧に説明している良著だ。しかし筆者は、ビジネスにおいてデータサイエンスを応用するプロジェクトに関

わる中で、それに関係する人々が、それらの著書を読んだにも関わらず、うまく活用できなかった事例を多く見てきた。それは何故だろうか。

データサイエンスに対する誤解

　それを考察する前に、筆者の出自に触れておきたい。私は、大学時代に農業に関する研究でデータサイエンス関連の技術を使っていたことをきっかけに、それを応用して企業のデータ活用を支援することを主な事業とするベンチャー企業に就職し、多数のデータサイエンスを応用するプロジェクトに関わってきた。また、そこでデータサイエンス人材の育成・教育事業を立ち上げ、講師として、それを身に着けたい多くの社会人に講義を行ってきた。そして現在では、大学の教員として、学生に対してデータサイエンスを教えるとともに、社会人大学院で、広く社会人に対してビジネスに応用できるデータサイエンスについての講義をしている。

　つまり筆者は10年以上、データサイエンスに関して、専門的な知識を身に着けている人からほとんど縁のない人まで、幅広いリテラシーをもつ層に対して理解してもらう努力を繰り返している。その中で、データサイエンスに縁遠い人がそれを理解するときにどこでつまずくのか、逆に専門的な知識を身に着けた人がなぜそれをうまく活用できないのか、ということについて、ある程度抽象化できるようになったと考えている。

　少し長くなったが、先述の著書を読んでなお、データサイエンスがうまく活用できない理由についての考察に戻ろう。筆者はそれが、まず一番には、データサイエンスのプロセスの中で行われる、データ解析の結果を用いた意思決定が、日常で行う意思決定と大きく異なるという勘違いによるものだと考察している。私は、データサイエンスを応用するプロジェクトにおいて多くの人が、データを解析すれば唯一の正しい意思決定が導かれるのだ、と考えている場面に遭遇した。また、そこまで極端ではなくとも、意思決定に対して支配的な（決定的な）指標が得られると考えてデータサイエンスに向き合う人は非常に多いと感じる。

そのような考えも、ある意味では正しい。実際、先に挙げた著書において、データサイエンスを利用した意思決定は、データ解析の結果をみれば明らかなもののように感じられる。しかし同時に、そのようなデータサイエンスのプロセスを設計することが非常に難しいことも読み取れるだろう。そうして、そのような場面に直面した多くの人が、プロジェクトのつまずきや失敗の原因を、その設計ができなかった自分の知識不足に求める。そこで、よりデータサイエンスについての理解を深めようとして専門書を手にすると、途端に数学やプログラミングの話になってしまい、結果として挫折する、というのもまた、多くあるパターンだ。

ここでも、その思考や行動の方向そのものは、やはり間違ってはいないだろう。そこでしっかりと知識を身につけ、意思決定を成功に導くようなデータサイエンスのプロセスをきちんと設計できるようになることもあるはずだ。しかし一方で、どこまで綿密に設計されたデータサイエンスのプロセスも、唯一正しい意思決定を導くわけではない、という前提は考慮する必要がある。

自然科学の常識と世間の認識

実はこのことは、前述の著書を注意深く読めば、そこにもはっきりと示されていることが分かるだろう。どんなに明白に見える結果から導かれる意思決定も、彼らの言葉遣いの端々に、「そう考えるのが合理的だ」、というようなニュアンスが見つけられるはずだ。つまりそれは、そのような意思決定が、合理的ではあるが、唯一正しいものではないことを示している。しかし彼らは、それを改めて「それが唯一正しいわけではないが……」とは書かない。恐らくそれは、彼らが自然科学を学び、自然科学の分野で論文を書くことに慣れているからだろうと推察する。この、「それが唯一正しい真理かどうかは分からない」というのは、自然科学の世界では当然すぎて暗黙の了解なのである。

こうして、自然科学に縁のない人々が困惑することになる。なぜなら一

般に、自然科学の世界できちんと認められたものは、唯一の正しい真理であるように認識される傾向にあるからである。例えば、健康に関する報道で、「○○が××という病気の原因であることが分かった」とか、「△△という病気には、□□が効果的であることが分かった」とかいうようなものを目にしたことがあるだろう。

　自然科学の世界にいた人は、この「分かった」というのは、「分かったと言っていいくらいに、しっかりとした証拠に基づいた研究がなされた」ということを意味していると読み取る。そして、研究結果とは、今できる最善を尽くした結果、今の時点ではそれが正しい（真実だ）と判断することが合理的とされたものだ、と認識している。しかし、恐らく自然科学に縁のない人は、文字通り「分かった」（唯一正しい真理が明らかになった）のだと考えるのではないか。

　このような下地が、広く一般の人々に、データを解析すれば唯一正しい意思決定が導かれるのだ、というような誤解を与えることになるのではないかと、私は考えている。そこでまず本書では、データサイエンスを利用した意思決定に関するその勘違いを解決することに挑戦したい。

データサイエンスと意思決定

　ひとつめの理由が長くなってしまったが、ビジネスにおいてデータサイエンスに関わる人々がそれをうまく活用できない理由の二番目も、これに関連したものだ。データを解析すれば唯一正しい意思決定が導かれるのだ、という誤解は、何を意思決定しなければならないのか、というのを曖昧にすることがある。

　例えば、近年、AI関連技術の発展に伴って、様々なことが予測できるようになった、というニュースが頻繁に報道される。恐らくそれに感化されているのだろうが、筆者の下にデータサイエンスを学びに来る社会人がその目標として挙げることが多いのが、何らかの製品やサービスの需要予測ができるようになりたい、というものだ。

9

そこで、何のためにそれをしたいのか、と問うと、生産の無駄をなくすとか、サービス提供の効率化をするとか、そういう理由が並べられることになる。確かに、何かの製品の需要が予測できれば、生産の無駄は無くなりそうだ。しかしそれは概念上でしかない。実際に生産の無駄を無くそうとすれば、材料の調達から生産、提供に至るまでの様々な意思決定が適切に行われる必要があるのである。それが、需要予測ができたからといってそれだけで達成されるとは思えない。詳しくは本文に譲るが、本当に生産の無駄を無くそうと思うなら、まずはどんな意思決定がそれに関わるのかをきちんと考えなければならないのである。

　このような意思決定に対する考えの曖昧さも、データサイエンスをうまく活用できない原因の代表的なものである。これも、西内（2016）や河本（2013）で触れられていることだが、本書ではもう一歩踏み込んで、意思決定を具体的に考えるためにはどうすれば良いのかというのを一般化し、データサイエンスと意思決定とのかい離を解決することに挑戦したい。

　筆者はこれらの問題の解決の道具として、経済学における意思決定についての研究結果が応用できるのではないかと考えている。もっと踏み込んで言えば、先述の著書と、ミクロ経済学および行動経済学における意思決定理論についての著書を読み、それらをつなげて考えられる人であれば、本書を読まずともそれらの問題を自ら解決できるのではないか、とさえ思っている。しかし、それらの書には、数式が出現することが多いために、数学の知識がなければ読むのにいささか苦労すると思われる。そこで、意思決定の視点からデータサイエンスを眺める本書には、その入り口としての役割も与えようと考えた。

　その上で本書では、データサイエンスと主観とを融合させた意思決定について、論理的に語ることを試みたい。そのようなことは、言葉は違えども、ギルボア・シュマイドラー（2014）で既に行われていることではある。しかしその内容は恐らく一般的には難解なものだろう。それをどこまで平易に語れるかが、本書における私の挑戦である。

　そして、その過程で、データサイエンスや意思決定理論について、表面

的な知識よりは深く踏み込みつつ、数学やプログラミングの前提知識が無くとも理解してもらえる程度に収めてみたつもりである。それらに興味はありつつも、まだ実際には足を踏み入れていない、という方には、これをきっかけに一歩踏み出してもらえれば幸いである。

　最後に本書を通して、データサイエンスの産物が世の中にあふれる中、またAIの活用が広く叫ばれる中、我々の意思決定はどうあるべきなのか、あるいはそれらとどう向き合えば良いのか、という問いに対して、読者のみなさまに各々の答えを見出して頂ければ、筆者としてこれほどに嬉しいことはない。もちろん、その「答え」も絶対的なものではない、というのがこの本の主張するところではあるのだが。

目 次

はじめに　　　3

第1章　データサイエンスと意思決定

第1節　データサイエンスとは何か　　　19

第2節　データサイエンスのプロセスが入れ子になっている
　　　　システム　　　23

第3節　データサイエンスのプロセスの多くが自動化されて
　　　　いるシステム　　　29

第4節　意思決定という視点から見たデータサイエンスとAI　　　32

第2章　データの有無と意思決定のプロセス

第1節　データを用いない意思決定のプロセス　　　38

第2節　データに基づかない意思決定と情報、データ　　　41

第3節　物事の実体と情報、データ　　　44

第4節　意思決定の生み出す価値と、情報やデータの不完全性　　　48

第3章　データと主観との交差点としての意思決定理論

第1節　本章での議論の視点　　　57

第2節　効用と確実性下での意思決定　　　61

第3節　不確実性下での意思決定と期待値　　　64

第4節　不確実性下での意思決定と期待効用　　　72

第5節　意思決定における経験的主観の活用についての注意点　　　82

第6節　構造に関する無知下での意思決定と事例ベース
　　　　意思決定理論　　　95

第4章　データサイエンスを用いた論理的な意思決定

第1節　論理的な意思決定におけるデータ　110

第2節　論理的な意思決定問題の定義とデータサイエンス　113

第3節　論理的な意思決定の意義とデータサイエンス　124

第4節　論理的な意思決定における結果・確率とデータサイエンス　130

第5節　結果と確率とを推定するデータサイエンスの技術　136

第6節　論理的な意思決定における効用関数の定義　143

第7節　現実の意思決定と事例ベース意思決定理論　147

第8節　論理的な意思決定後の行動と事後評価　152

第5章　意思決定におけるデータ解析

第1節　意思決定と直感、無意識　162

第2節　人が直感的かつ無意識のうちに行っている「予測」　166

第3節　人が直感的かつ無意識のうちに行っている「分類」　172

第4節　期待効用理論と予測　177

第5節　事例ベース意思決定理論と分類　185

第6節　より複雑な意思決定問題とデータサイエンス　197

第6章　AI時代の意思決定と行動

第1節　ビジネスの目的と意思決定　214

第2節　意思決定とそれに基づく行動を意識した目標　218

第3節　意思決定に基づく行動とデータサイエンスの
生み出す価値の評価　229

第4節　AIとは何か　233

第5節　AI時代の意思決定　238

参考文献　248

おわりに　250

第1章
データサイエンスと意思決定

本章では、データサイエンスが「データに基づく意思決定」を導くためのものである、という話をする。読者の皆さんは、この「データに基づく意思決定」というものに、どんなイメージをもつだろうか。

　多くの人は、データ解析により、どのように意思決定をすべきかが数学的に導き出される、という状態をイメージされるのではないだろうか。あるいは、データの解析結果は完全に普遍的、一般的かつ客観的であり、それに従うことが正しい選択である、というようなイメージ、と言い換えられるかもしれない。別の視点では、恐らく多くの人がイメージする AI というのは、そのような解析結果を我々に与えてくれるもの、ではないだろうか。

　しかし、残念ながらというか、幸運なことにというか、少なくとも現在のところ、そのようなことはあり得ない。すべてのデータサイエンスは、何らかの仮定のもとでデータを解析するので、ほとんどの場合、完全に普遍的、一般的で客観的な指標で意思決定を促せるものではない。

　もしも、あなたに対して、「これは過去の大量のデータから AI が導き出した間違いない結果だから、あなたはこの結果に従って○○をしなければならないのです」、というようなことを言う人がいれば、それは間違いなく嘘である。誠実なデータサイエンスの専門家（データサイエンティストと呼ばれる）は、その結果が、どのような仮定に基づいて導き出されたものであるか、どのような範囲においてのみ適用可能なものであるか、あるいはどの程度の不確実性をもつものかを、きちんと説明するものだ。

　冒頭で述べた通り、我々は、データサイエンスの産物に取り囲まれて生活するようになっている。そのような時代において、それらに組み込まれたデータサイエンスが、決して完全に普遍的、一般的かつ客

観的な答えをもつものではない、ということを認識し、製作者の主観を含む意思決定を推察することは、それらのメリットを享受し、それらのもたらすリスクに備える上で、非常に重要だと考える。

　本章では、「データサイエンスとは何か」という基礎的な問いに答えていく過程で、それが導く意思決定というのがどういうものか、ということの概要を理解してもらえるだろう。そしてそれが、皆さんの身の回りにあるデータサイエンスの産物に埋め込まれた、製作者の主観を含む意思決定について考えるきっかけになれば幸いである。

第1章　データサイエンスと意思決定

第1節
データサイエンスとは何か

データサイエンスの定義

　そもそも、データサイエンスとは何であろうか。実は、それに明快に答えることは難しい。まず、データサイエンスは学問の一分野として確立されているものではない。また、特定の技術の応用を指す言葉でもない。実は、データサイエンスが何であるか、というのは、今でも議論の的になっている[5]。一方で、データサイエンスは何のためのものか、ということに関しては、特にビジネス向けの多くのデータサイエンス関連書籍の中で異口同音に言われていることがある[6]。

　それは、「データサイエンスは、データに基づく意思決定を支援するためのものだ」ということである。そして、データサイエンスの価値は、この意思決定がもたらす価値によって決まるとされている。これは、筆者のキャリアで関わってきた様々なデータサイエンスの応用プロジェクトでの経験に照らしても、非常に納得いくものである。なぜか、というのはこれから詳しく語るが、まずは、本書でもこの考えに基づいてデータサイエンスを語るものとしたい。

データサイエンスのプロセス

　では早速、この考えの下で、データサイエンスとは何か、を考えてみよう。図1は、データサイエンスが意思決定を支援し、価値を生み出すプロセスを表したものである。項目にカッコ書きがついているのが多少理解を複雑にしてしまうようで心苦しいが、ご容赦願いたい。なぜなら、例えば「アルゴリズム」という言葉より「解析」という言葉の方がどのような

---

[5]　これについては、竹村（2018）によくまとめられている。

[6]　河本（2013）、プロヴォスト・フォーセット（2014）など。

処理を行うのかイメージしやすいものの、ここで行われる処理が「解析」と呼べるものではない場合もあるからだ。ただし、これ以降の本文では、イメージのしやすさを考慮して、「アルゴリズム」は「解析」、「出力」は「解析結果」とそれぞれ表現したい。

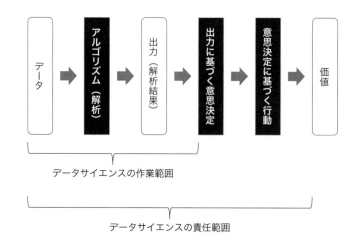

図1　データサイエンスが価値を生み出すプロセス
（白文字部分では何らかの処理が行われる）

　読者の中には、この図のシンプルさに驚きを覚える方もいるかもしれない。多くの人が、データを活用して意思決定するなんてさぞかし複雑なプロセスのもとに成り立っているのだろう、というように考えておられたのではないだろうか。そのような方々は、図の「解析」の部分のみをデータサイエンスと想像していたと考えられる。
　確かにこの、データをどのように解析すべきか、という部分は、数学、統計学やコンピューターサイエンスなどの先端的な知識や技術を組み合わせて応用していく、非常に複雑なプロセスである。しかし、そこでどれだけ高度で複雑な処理を行ったか、というのは、データサイエンスが価値を生み出すプロセス全体から見れば、ほとんど意味を持たない。
　また、この図を理解するときに気をつけて頂きたいことがふたつある。

第1章　データサイエンスと意思決定

ひとつは、データサイエンスの「作業範囲」としている部分が、出力から意思決定に向けた「→」までを含んでいること。もうひとつは、その「責任範囲」が「作業範囲」より広い、ということである。

データサイエンスの作業範囲

　前者については、これも多くの読者のイメージと異なるかもしれない。データサイエンスを、データを基に何らかの解析結果を導き出すもの、と想像していれば、解析結果を導き出した先は、データサイエンスの範囲の外だと感じられるだろう。しかし、これも多くの書籍で異口同音に言われることだが、データサイエンスで最も重要な作業のひとつは、意思決定者に解析結果を正しく理解してもらい、それを正しく意思決定に結び付けてもらえるようにプレゼンテーションすることである。どのような解析結果も、プレゼンテーションがまずければ、価値につながる意思決定には利用されない。それどころか、解析結果から論理的に導き出される方向とは真逆の意思決定がなされるかもしれないのである。

　私のこれまでの経験でも、データ解析の専門家から見れば素晴らしい解析結果が出ているのに、プレゼンテーションがうまくいかなかったために、専門家ではない意思決定者に利用されず、何度も手直しをしなければならない場面に遭遇した。解析結果のプレゼンテーションは、図では「→」でしか示していないが、データサイエンスの作業としての重要度は高いのである。データサイエンスの現場に関わっている読者の方には、この図にプロセスとして「プレゼンテーション」を加えて頂いた方が良いかもしれない。

　また、実はこの部分こそ、本書がもっとも扱いたいところのひとつである。解析結果と意思決定の間にどのような隔たりがあるのか、ということを正しく知ることこそ、本書の大きな狙いであり、それを知ることが、データサイエンスの可能性と限界を知ることにつながるというのが著者の信念である。だが、これについて詳しいことは後述するとして、いったんこの図のプロセスの注意点に話を戻そう。

データサイエンスの責任範囲

　後者の、「責任範囲」が「作業範囲」より広い、という部分に関しては、「価値」を視点にこのプロセスを眺めれば当然だと感じられることと思う。なぜなら、この図では、データサイエンスの作業そのものは、価値と直結していないからだ。すなわち、この図全体を責任範囲として認識しないデータサイエンスの作業は、ただの趣味的な作業でしかない。しかし、これも私の経験上、実際のデータサイエンスの現場では、多くの作業者が、その趣味的な作業に時間を浪費していることがあった。これは、データサイエンスの現場でも、最も処理が複雑な「解析」の視点からプロジェクトを眺めてしまうことが多いからである。ここについても、データサイエンスの現場に関わっている読者の方には、改めて意識していただくことをお勧めする。

　いずれにしても、データサイエンスが価値を生み出すプロセスは、図1のようにシンプルなものである。では、なぜ「データサイエンスとは何か」という問いに明確な答えが与えられないのだろうか。図1からすれば、「データサイエンスとは、データを解析し、その結果を意思決定に利用可能な形で表現するものである」、とでも定義できそうである。しかし実際には、この定義だけではデータサイエンスの全体を表せていない、と思われるような場面があるのである。

　これについては、データサイエンスを実際にビジネスに応用するシステムについて考えてみると分かりやすいかもしれない。そのようなシステムを製作し、それが利用される場面では、図1のような構造が入れ子になっていたり、「解析」～「意思決定」～「意思決定に基づく行動」までが人の手を介することなく自動化されていたりする。それが、データサイエンスとは何であるか、を定義することを難しくしているように思われるのである。そしてこれは、AIとデータサイエンスとの関係を理解するときにも重要になってくる。

第2節
データサイエンスのプロセスが入れ子になっているシステム

キーワード検索システムにおけるデータサイエンスのプロセス

　まず、構造が入れ子になっている例として、本書の冒頭で触れた、キーワード検索のシステムを取り上げる。これを、検索システムを利用するユーザーの側から眺めてみると、そのシステムに組み込まれた、データサイエンスが価値を生み出すプロセスは、図2のようになる。

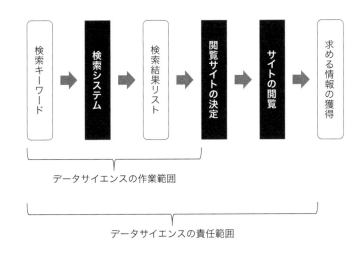

図2　ユーザーがキーワード検索で価値を得るプロセス

　これだけを見れば、やはり「データサイエンスとは、データを解析し、その結果を意思決定に利用可能な形で表現するものである」と言ってよさそうである。この例で言えば、データサイエンスは、検索キーワードとウェブサイトとを何らかの解析方法で処理して、各ウェブサイトにそのキーワードとの関連の強さを表す数値を与え、その数値の順に並べ替えたリストをユーザーに提示し、意思決定に利用してもらうもの、ということになる。
　一方で、この図2のプロセスを、検索システムのメーカー側の視点から

眺めてみるとどうだろう。このシステムで最も重要なのは、言うまでもなく、検索キーワードと世界中に存在する無数のウェブサイトとの関連性の強さを数値化し、それに基づいてウェブサイトをランキングリスト化して表示する、という部分である。そして、そこで最も大きな問題となるのは、検索キーワードと各ウェブサイトとの関連性の強さというものが、ものの重さや長さなどとは異なり、一般的で客観的に定義された尺度をもたない、ということだ。

検索結果の妥当性を測る尺度と主観

　例えば、本や音楽の売上げランキングのように、過去にその検索キーワードで検索した人のクリック数に基づくウェブサイトのランキングを関連性の尺度にすれば良いだろうか。しかし我々は、検索結果リストから選択してクリックしたウェブサイトに、自分の求める情報が見つからなかった、というような経験をいやというほどしている。そう考えると、単純なクリック数のランキングでは、そのような、クリックしたものの必要な情報が得られなかったサイトが上位に順位づけされる可能性があり、それほど高い価値を提供することはできないだろう。

　では例えば、その検索キーワードがウェブサイト内に出現する数を関連性の尺度にしてみるのはどうだろう。確かに関連性の高いウェブサイトであれば、そのキーワードが頻繁に使われていそうである。しかし、言葉の意味を知りたくてキーワード検索をする場面を思い浮かべると、我々が求めているのは、辞書のようなウェブサイトである。そして、質の高い辞書というのは、そのキーワードをうまく言い換えているものだ。つまり、なるべくそのキーワード自身を繰り返していないウェブサイトがそのときに最も求めているもの、ということになり得る。

　このように、検索システムのメーカー側では、どのような尺度で検索キーワードと各ウェブサイトとの関連の強さを測るべきか、無数にある選択肢の中から意思決定しなければならない。そしてそれを、実際に利用したユーザーのデータに基づいて客観的に意思決定しようとしても、今度はそ

の客観性を評価する尺度が必要になるのである。もちろんこれは突き詰めれば無限の入れ子構造で、どこかで人が主観的に意思決定するしかない。

　この検索システムがビジネス目的で作られるのであれば、究極的な尺度は利益だろう。しかしその利益というのはもちろん、時代を問わず、全人類にとって、社会的に必要とされるような利益ではなく、その時代の、特定の会社にとって、それに関連する人々に必要とされるような利益である。つまりは、当然のことだが、完全に普遍的、一般的かつ客観的な指標ではない。つまりそのように完全に普遍的、一般的かつ客観的な検索システムというのは存在しないのである。

メーカー側から見たデータサイエンスのプロセス

　少々長くなってしまったが、図2にある「検索システム」を作る時点で、メーカー側では、何らかの主観を含む意思決定が行われている、ということはご理解いただけただろうか。図3は、そのプロセスを図にしたものである。

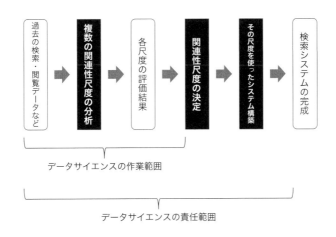

図3　検索システムをつくるためのデータサイエンスによる意思決定のプロセス

これも、この図だけを見れば、やはり「データサイエンスとは、データを解析し、その結果を意思決定に利用可能な形で表現するものである」と言ってよさそうである。この例で言えば、データサイエンスは、過去の検索・閲覧データなどから複数の尺度により各ウェブサイトとキーワードとの関連性の強さを表し、何らかの主観で決定された評価尺度（期待される利益など）でそれらの関連性について評価した結果をシステム構築の責任者に提示し、意思決定に利用してもらうもの、ということになる。

プロセスの入れ子構造

　しかし、図2と組み合わせてみると、奇妙なことが起こる。このふたつは入れ子構造になっているため、図2でデータサイエンスの作業範囲に入っているものが、図3ではデータサイエンスの作業範囲外になるのである。それを図にしたのが、図4だ。同じデータサイエンスを応用したシステムについて見てみても、ユーザー側／メーカー側、どちらの視点で見るかによって、データサイエンスの作業範囲が異なって見えるのである。

　すなわち、ユーザー側から見たデータサイエンスの作業範囲は、検索キーワードとウェブサイトとの関連の強さをどのような尺度で測り、その測定結果をどのように表示するのか、という意思決定を、無意識のうちに含んでいるのである。もしもそれを範囲外として、どのような尺度を用いるか、という意思決定をユーザーに委ねられるような検索システムがあるとすれば、それはユーザーにとって非常に手間がかかり、使い勝手の悪いものになるだろう。メーカー側からすれば、メーカーの主観に基づいて意思決定した結果で検索システムを製作するというのは、ユーザーの使いやすさを考慮して、一部の意思決定を代行するようなシステムを製作する、ということにもなるのだ。

　この例では、読者の理解を優先して、検索システム製作におけるデータサイエンスのプロセスを、関連性尺度についての意思決定においてのみ示したが、もちろん実際にこれを製作する場合には、検索キーワードをどのように入力させるのか、リストをどのように表示するのか、など更に多く

第1章 データサイエンスと意思決定

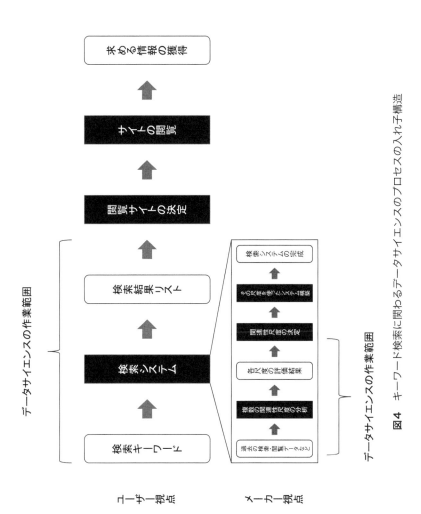

図4 キーワード検索に関わるデータサイエンスのプロセスの入れ子構造

の意思決定が必要であり、入れ子構造は増々複雑になる。ユーザーは、それを細かく理解する必要はないが、少なくとも、検索結果として表示されるウェブサイトのリストが、データを解析した結果として、完全に普遍的、一般的かつ客観的な指標で製作されるというようなものではない、ということは理解しておいた方が良いだろう。

　また、データサイエンスの現場に関わっている読者の方には、自身の関わるプロジェクトについて、どのような意思決定がどのように絡み合っているのか、一度整理することをお勧めする。これも私の経験上、そのプロジェクトの成果物を利用する側と、成果物を製作する側との視点の違いによって、データサイエンスの作業範囲についての認識が異なっていたために、プロジェクトの成果物が意思決定に利用できず、スコープの変更を迫られることがしばしばあるからだ。

第3節
データサイエンスのプロセスの多くが自動化されているシステム

画像処理システムにおけるデータサイエンスのプロセス

　次に、「解析」～「意思決定」～「意思決定に基づく行動」までが人の手を介することなく自動化されている例に移りたい。先の検索システムの例でも、キーワードとウェブサイトとの関連性の強さを測る尺度の意思決定は、ユーザー側から見れば自動化されていた。しかし、価値を生み出すまでには、ユーザー自身が「閲覧サイトの決定」という意思決定をする必要があった。ここで取り上げるのは、ユーザー側から見ると、全く意思決定をせずに価値を得られるようなシステムである。

　本書の冒頭で触れた、スマートフォンで写真を撮影した際の画像処理のシステムを考えてみよう。この画像処理システムを、ユーザー側の視点から眺めてみると、そのシステムに組み込まれたデータサイエンスが価値を生み出すプロセスは、図5のようになる。

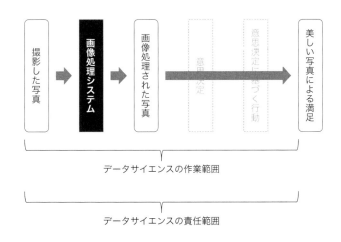

図5　ユーザーがスマートフォンの写真の画像処理で価値を得るプロセス

この図からは、「データサイエンスとは、データを解析し、その結果を意思決定に利用可能な形で表現するものである」とは言えない。このような画像処理においては、ユーザーは全く意思決定をしていないからだ。データサイエンスを応用したシステム（画像処理システム）に写真のデータを渡せば、価値に直結する成果物（画像処理された写真）が得られ、そこには選択の必要性は無い。

　しかし本来、どのように処理された写真を美しいと感じ、満足を得るかは人それぞれである。そして同じ人でも、写真に写っているものや構図などによって、どのような処理画像で満足できるかは異なるだろう。また、例えそれらが同じであったとしても、見るときの気分によって、美しいと感じるものが異なるということもある。すなわち本来、ある写真に対して、どのような画像処理をすべきか、というのは、処理の手法であれ、処理時のパラメータであれ、無数の選択肢をもつはずである。

メーカーによる意思決定の代行

　ではなぜ、ここにはそのような選択肢が無いのだろうか。それは、無数の選択肢の中からどのような組み合わせで処理を行うかという意思決定を、メーカー側が行っているからである。図6は、図5の「画像処理システム」を製作する際のデータサイエンスのプロセスを表したものである。

　ここで目指されるのは、どのような写真でも、どのようなユーザーにとっても美しいと感じられるように処理できるシステムを作ることだ。しかし、写真の美しさを測るような一般的な尺度は無いし、そもそもどのようなものを美しいと感じるかは、前述の通り人や状況によって異なるのである。つまり、何らかの前提無しに、美しい写真を出力する画像処理がひとつに定まるということはあり得ない。

　すなわち、このプロセスの「画像処理方法の決定」においては、何らかの前提のもとに、写真の美しさを測る尺度を決めて、画像処理の手法やパラメータを決定しているのである。そして恐らくその前提は、時代に合わせてメーカーの意思決定者が主観的に決めているだろう。例えば、今の時

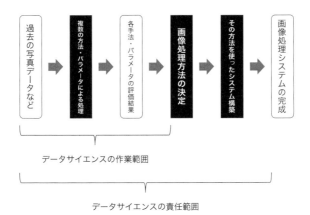

図6 画像処理システムをつくるためのデータサイエンスによる意思決定のプロセス

代なら、「自撮り」と呼ばれる自画像写真を頻繁に撮影するユーザーが美しいと感じやすいものを美しいとする、とか、流行しているSNSであるインスタグラムに頻繁に写真を投稿するユーザーが美しいと感じやすいものを美しいとする、などの前提が考えられる。このような前提があれば、美しいと感じるユーザーの割合なり、美しいと感じる写真の特徴を数値化するなり、写真の美しさを測る尺度を作ることができるだろう。

そのようにして、メーカー側の何者かが、何らかの前提のもとに、何とか決めた尺度に基づいて意思決定をすることで、ユーザーにとって使いやすい、すなわち、ユーザーに意思決定が求められない画像処理システムが製作されているのである。言い換えれば、この画像処理システムは、ユーザーの意思決定を代行している、あるいは、ユーザーの意思決定をメーカーの意思決定で代替している、ということになるだろう。

いずれにしても、図5でデータサイエンスのプロセスに意思決定が含まれないように見えるのは、ユーザー側の視点から見たときの見かけだけで、メーカー側では、やはり多数の意思決定を、主観を含むデータサイエンスに基づいて人が行っていて、その結果としてユーザーに意思決定を求めないシステムが出来上がっているだけのことなのである。

第4節
意思決定という視点から見たデータサイエンスとAI

自動運転システムにおけるAIが価値を生み出すプロセス

実は、「データサイエンスとは何か」という問いに明確な回答をするのが難しいのと同じように、あるいはそれ以上に、「AIとは何か」という問いに明確な回答をするのは難しい[7]。そのような中で、データサイエンスとAIとの関係について論じることは、よくわからないもの同士の関係を論じることになるため憚られるが、これまで述べてきた意思決定のプロセスの延長線上であれば、それなりに考察することはできる。今後、AI関連技術の組み込まれた機械に囲まれて生活するようになる可能性が高まる中で、限定的な範囲ではあれ、それを論じることに意味はあるだろう。

先ほど、画像処理システムを例にして、ユーザー側から見れば意思決定が求められないもの、すなわち、システムがデータに基づいて意思決定を代行してくれるようなものについて、「データサイエンスとは何か」という視点から論じた。恐らく、多くの人がAIとしてイメージするのは、まさにこのようなシステムのうち、代行してくれる意思決定が「人間でないと難しいのではないか」と思われるような性質をもつようなものであろう。

分かりやすい例のひとつに、自律走行車の自動運転システムがある。自動運転システムをユーザー側から見ると、図7のようにして価値を得ることになる。一見してご理解いただけると思うが、構造は図5と全く変わらない。

AIと主観

この図を見てすぐに想像される読者も多いと思うが、当然ながらこれもユーザー側の視点で見たものにすぎず、メーカー側から見れば、画像処理

---

(7) 松尾（2016）、鳥海（2017）など。

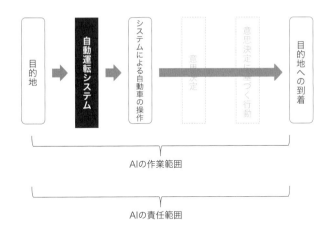

図7 ユーザーがAIによる自動運転システムで価値を得るプロセス

システムの例と同じように、この「自動運転システム」の製作過程で様々な人による意思決定が行われている。AIという言葉のイメージで、すべてをシステムが普遍的、一般的かつ客観的に判断している、という風に想像される方もいるかもしれないが、そのようなことは無い。

　現在AIと呼ばれているものの製作過程でどのような意思決定が行われているか、ということについては、章を改めて解説するが、それが、少なくとも現時点では、これまで想像もつかなかったような革新的なプロセスで価値を生み出している、というわけではないことは、ここまでを読んでいただいた方ならご理解いただけるかと思う。世間で騒がれる現在一般的にAIと呼ばれているものに関連する技術のほとんどは、図1でいうところの「解析」に関する技術であり、それによって意思決定が不要になった訳ではない。

　そういう意味においては、現在一般的にAIと呼ばれているものをデータサイエンスと同様に捉えても全く問題ないのである。これは、両者の「解析」面を追求してきた専門家からすればけしからん話かもしれないが、

これまで見てきた通り、それらが価値を生み出すプロセスから考えれば、論理的に矛盾が無いので仕方ない。多くの一般的な読者には、AIを積極的に活用しようとしている今の時代に、データサイエンスを理解することの意義を認識して頂けたことと思う。また、そこで重要なのが、「データに基づく意思決定」である、ということもご理解いただけたのではないだろうか。

第2章
データの有無と意思決定のプロセス

本章では、「データに基づく意思決定」が、人が普段行っている「データを用いない意思決定」と全く異なるというようなものではない、ということを述べる。データサイエンスに関する専門書を読むと、多くの場合、様々なデータ解析手法が解説されており、その原理が数式で示されていることも多い。だからと言って、そこから受ける印象で、データサイエンスを理解不能な、自分とは無縁の世界のものとして敬遠するのはもったいない。

　人は常に、細かい意思決定を繰り返している。無意識の行動のように思えても、振り返ってみれば、過去に同様の意思決定を繰り返した結果、特に意識しなくてもそのように振る舞うようになってしまった、というようなことも多い。

　この普段から行っている細かい意思決定のほとんどは、データに基づくものではないだろう。恐らくはそのために、「データに基づく意思決定」というものが、それらの意思決定とは全く異なる原理で行われているように想像する読者も多いのではないか。

　しかし、その両者の違いは、意思決定のプロセスから見れば、物事をどのような形で扱っているか、という違いだけで、実はそれほど大差ないのである。もしかしたら、これだけで、勘の良い読者は気が付くかもしれないが、前章で述べたデータサイエンスが価値を生み出すプロセスは、データに基づくか否かに関わらず、意思決定が価値を生み出すプロセスとも呼べるような構造をもっているのである。

　本章では、データを用いない意思決定のプロセスについて論じるとともに、それとデータに基づく意思決定のプロセスとの決定的な違いである、プロセスの入力部分について考察する。そして、それらを通じて、意思決定のプロセス全体を覆う「不確実性」というものを認識してもらいたいと考えている。

37

第1節
データを用いない意思決定のプロセス

傘を持つかどうかの意思決定

> ある日、あなたが寝坊してしまったとする。最低限の身だしなみを整えて、慌ててドアを開け、外に出た。すると空は厚い雲に覆われている。もしかすると、この厚い雲のせいで日光がさえぎられて眠りから覚めるのが遅れたのかもしれない。
> ともかく、慌てて玄関に戻り、置いてある傘を持って、改めて外に出た。しばらく歩いていると、案の定、雨が降り出した。あなたは持っていた傘を開き、目的地までの道のりを急ぐ。

誰もが想像し得る、日常の簡単な意思決定の場面だろう。ここで行われた、「傘を持つ」という意思決定について考えてみよう。このストーリーを、その意思決定にフォーカスして、それによって価値を得たプロセスを見てみると、図8のようになる。

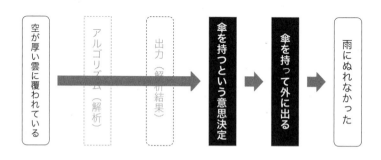

図8 空模様をみて傘を持つ意思決定をした際の価値を得るプロセス

第2章　データの有無と意思決定のプロセス

　ここでは、データサイエンスによって「データに基づく意思決定」をした際のプロセスと違い、「解析」により「解析結果」を得るという段階はない。しかし、本当に、「空が厚い雲に覆われている」ことと、「傘を持つという意思決定」との間には、論じるべき段階が存在しないのだろうか。

無意識に行われる意思決定のプロセス
　もちろん、そんなことはない。厚い雲に覆われた空を見て、瞬間的に傘をもつ意思決定ができたのは、過去の経験として、そのような状況において雨が降ってきたことが何度もあったからだろう。そのような経験を繰り返すことで、厚い雲に覆われた空模様という現実の物事から、この後、恐らくは非常に近い未来に雨が降るということを想定できるようになっていたために、「傘を持つ」という意思決定ができたはずである。つまり、この意思決定の本当のプロセスは、図9に示す方が近い。

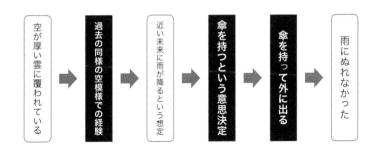

図9　空模様をみて傘を持つ意思決定をした際の価値を得るプロセス（詳細版）

　このようなプロセスを経るのは、この例に限ったことだろうか。読者の皆さんには、ぜひ直近で自身が行った「データを用いない意思決定」を思い浮かべてもらいたい。その多くが似たようなプロセスを経ているのではないだろうか。恐らく、そのような意思決定は、図10の上のように一般化できるはずである。

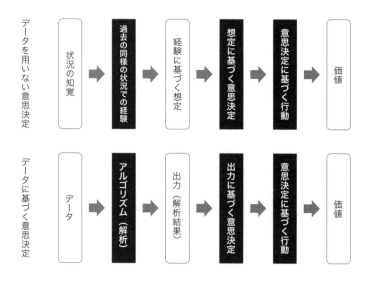

図10 データを用いない／データに基づく意思決定のそれぞれで価値を得るプロセス

　これを、図10の下に再掲した、データサイエンスによって「データに基づく意思決定」をする際の価値を得るプロセスと比べてもらいたい。非常によく似ている、というより、構造は同じである。経験から何かを想定するプロセスについても、何らかの法則に従っていると考えれば、法則すなわちアルゴリズムであるので[8]、上下の違いは、入力されるものが、知覚された状況であるか、データであるか、という違いだけである。では、この二つはどのように異なるのであろうか。

---

(8) 心理学では、このような経験に基づく意思決定を導き出す法則を、アルゴリズムと対置する形でヒューリスティックと呼んだりする。

第2章　データの有無と意思決定のプロセス

第2節
データに基づかない意思決定と情報、データ

傘を持つかどうかの意思決定における入力

　もう一度、空模様を見て傘を持つ、という意思決定をした場面について考えてみよう。ここで知覚された状況は、「空が厚い雲に覆われている」というものである。この言葉から想像される状況が、この言葉の通りの言語として認識されるかどうかはさておき、その状況が知覚されて、それに基づいて何らかの想定をし、それによって意思決定がなされる過程では、その状況は何らかの情報として脳内で処理されなければならないだろう。

　つまり、ここでは、「空が厚い雲に覆われている」という言葉で認識される状況（以下、「空が厚い雲で覆われている状況」と略す）という、意思決定において参考にしたいものの実体を、何らかの形で情報化して、意思決定のプロセスの入力にしている、ということになる。一方、同様の状況で、データサイエンスにより意思決定することを考えてみると、どうなるだろう。

　データサイエンスによる意思決定のプロセスでは、入力は必ずデータである。そして、雲の状況を表すデータとしては、例えば、一般財団法人気象業務支援センターの提供する、「雲情報」がある。その中の改良型雲量格子点情報では、全雲量、上層雲量、対流雲量、雲型および雲頂高度という数値によって、雲の状況をデータ化している。ここでは、それぞれの数値がどのようなものであるかの詳細な説明は省くが、雲量は、ある範囲における雲の割合を表し、雲頂高度は、雲の最も高い部分の高度を推定したものである。となれば、「空が厚い雲で覆われている状況」は余すところなくデータ化できていそうだ。

空模様、認識される情報と測定されるデータ

　さて、この「空が厚い雲で覆われている状況」と、人が知覚して認識した「空が厚い雲に覆われている」という情報、そして改良型雲量格子点情

41

報として提供されるデータとの三者は、どのような関係にあるだろうか。繰り返しになるが、ひとつ目の「空が雲で覆われている状況」は、ここではそのような言葉になっているが、それが指すものは、傘を持つべきかどうかの意思決定をする際に参考にしようとしているものの実体としての空模様である。

　では、ふたつ目の、「空が厚い雲に覆われている」という情報はどうだろう。一見、これも参考にしたい実体としての空模様を余すところなく表しているように思える。しかし、例えばこの言葉から想像した空と雲との状態は、筆者と読者の皆さんとで同じであろうか。恐らく異なるであろう。それはなぜか。まず、ここには、「厚い」や「覆われている」といった、程度に幅のある言葉が使われている。次に、これが重要なのだが、空模様という実体は、雲の厚さや覆う面積だけで表されるものではなく、その形や色、動きの速さなど、もっと様々な要素を含んでいるからである。つまり、この情報は、実体をそのまま表したものではなく、実体を抽象化したものなのだ。

　三つ目の、改良型雲量格子点情報として提供されるデータはどうだろう。これももちろん、空模様という実体のすべてを表してはいない。「空が厚い雲に覆われている」という情報に比べれば、曖昧さの無いように定義された数値が使われているし、雲型というもので、雲の形もデータ化されている。しかしこれも、形を数種類に区分してデータ化しているだけで、例えば、そこで「積乱雲」とされた雲が、すべて同じ形をしているわけではない。同様に、全雲量、上層雲量、対流雲量、雲型および雲頂高度のすべてが全く等しい複数の地域があったとしても、それぞれの地域の実体としての空模様が全く同じである、ということはほとんど無いのである。つまり、データもやはり、実体をそのまま表すのではなく、実体を抽象化したものなのだ。

　では、情報とデータとの関係はどうだろうか。先ほど、「空が厚い雲に覆われている」という情報と比較したとき、改良型雲量格子点情報として提供されるデータについて、曖昧さの少なさや要素の多さ、という特徴を

述べた。では、人間の知覚する情報よりもデータの方が、意思決定に対してより有用なのだろうか。

実は、もう少しこの改良型雲量格子点情報のデータについて詳しく見ると、更新頻度は1時間に1回であり、範囲的な区分の細かさで言えば、例えば東京23区でそれを数分割しているレベルでしかない。それが、データサイエンスによる意思決定に、具体的にどのように影響するのかというのは後の章に譲るが、少なくとも今、自宅の玄関先で傘を持つかどうかの意思決定をしたいときに参考にするものとしては、時間の間隔にしても、範囲の粗さにしても、いささか心もとなさを感じるのではないだろうか。

付け加えるならば、この例では、プロセスを単純に表現するために、空模様について知覚した内容を「空が厚い雲に覆われている」という言葉で表したが、実際には、玄関先で空を見上げた時に知覚し、認識する情報はもっと多いだろうし、より詳細だろう。例えば、改良型雲量格子点情報で「上層雲」とされる雲型は、一般的に雲を表す言葉で言うところの、「すじ雲」、「うろこ雲」、「いわし雲」、「さば雲」や「うす雲」などを含むものである。これらの言葉は、人の雲型に関する認識の詳細さを反映したものだろう[9]。それに比べれば、改良型雲量格子点情報として提供されるデータは、今の玄関先の空模様という実体を表すものとしてはずっと貧弱なのである。

---

(9) ことばと認識の詳細さとの関係については、哲学において様々に議論されているが、ここでは、長滝（1999）の、「言語が知覚的分節を引き継ぐという点では、知覚世界から言語への意味のうながしがあるのであり、言語が知覚世界を再構成するという点では、言語から知覚世界への影響がある。」というのを支持する。

第3節
物事の実体と情報、データ

立食パーティーでの意思決定

実体と情報、データとの関係を一般化するために、もうひとつ別の例を考えてみよう。ビジネスにおける、ある立食パーティーでの出来事である。

> あなたは今日、ある技術に関する発表会に参加した。発表終了後、参加者の懇親を深めるための立食パーティーが催され、もちろん、あなたもそのパーティーに加わっている。そして乾杯が終わり、多数の参加者の中から、会話する相手を探し始めた。せっかくなので、発表された技術について詳しく話せる人を選びたい。
>
> あなたは周りの会話に耳をそばだたせる。すると、様々な会話が交わされる中で、専門的な内容を話す声が聞こえてきた。その方向を見てみると、いかにも技術者らしい二人が、今日発表された技術について話している。あなたは、自然な物腰で二人に近づき、名刺交換をお願いした。

ここでは、データを用いずに「ある技術に詳しそうな二人に話す」という意思決定をしている。参考にしたのは、参加者の会話である。では、この「参加者の会話」という実体に対し、どのような情報を知覚してそれを捉え、意思決定をしたのだろうか。

認識される情報に基づく意思決定

まず、多くの参加者の中で交わされる様々な会話の内容という情報の中から、あるひとつの会話の内容について認識し、それが専門的なものであるかどうかを評価している（様々な会話が交わされる中で、専門的な内容を話す声が聞こえてきた）。そして、その会話をしている二人の見た目、話し方やしぐさなどの情報を基に、二人が技術者であるかどうかを評価し

た（その方向を見てみると、いかにも技術者らしい二人が）。最後に、二人の会話の内容という情報をより詳しく認識し、それが今日発表された技術についてのものであるかどうかを評価した（今日発表された技術について話している）。

　できる限り言葉にしてみると、ざっとこのようなことになるが、読者の皆様には、ぜひ実際のパーティーの現場を想像してみて欲しい。そこで参加者の会話に耳をそばだたせているとき、どのような情報を得ようとしているだろうか。きっと上に述べたものだけではないはずだ。

　その会話に参加しているのは何人なのか。既知の人同士の会話だろうか、初めて知り合った人同士だろうか。食事をしながら会話しているのか、会話だけに集中しているのか。その会話が終わるのを待っている人はいるか、など、そこで認識する情報は多岐にわたるはずだ。それでも、「参加者の会話」という実体に対して、余すことなくすべてを情報として得ることができないことに気付くのではないだろうか。それほど、現実世界の物事というのは、無数の側面を持つのである。

データはどのように測定され得るか

　さて次に、同様の意思決定をデータに基づいて行うことを考えよう。もちろん、現実にはこのような場合にデータに基づく意思決定を行うことはほとんど考えられないが、もしかしたら将来的には、このような状況で、会話の内容を基に参加者同士をマッチングさせるアプリがスマートフォンで使えるようになるかもしれない。ともかく、思考実験的にそのような状況を考えるとき、どのようなデータが準備されるべきだろうか。上述の、データを用いない意思決定に用いた情報をヒントに考えてみよう。

　多くの参加者の中で交わされる様々な会話の内容は、それらを記録した文字データとして準備すればよいだろう。ただし、どの言葉とどの言葉がひとつの会話を形成しているか、会話ごとに分けて準備する必要がある。そのような準備ができれば、複数の会話の中から、専門的な内容のものを見つけ出すことはできるかもしれない。しかし、私たちが会話の内容の情

報として認識するものの全体を考えれば、それらのデータはその一部でしかない。例えば、発話の間やイントネーション、声の大小などを逐一データにするのは難しいだろう。

その会話を交わしている人物が技術者であるかどうかを推測するための、見た目、話し方やしぐさなどの情報に代わるデータはどうだろうか。見た目については、写真や動画などのデータとして準備できるかもしれない。これも、一部ではあるが、私たちが得ている情報を代替し得る。一方で、話し方やしぐさについては、どのようなデータを準備すればよいだろうか。そもそも、私たちが「話し方」とか「しぐさ」とか呼ぶものは、いったい何だろうか……。それらに代わるデータを用意するのは難しそうである。

他に、先ほど付け加えたような様々な情報も、それらに代わるようなデータが準備できそうかどうかを考えてみて欲しい。その会話に参加している人数は、何らかの方法で数えられそうではある。それでも、どの程度の参加具合なのか、真剣に話しているのか、何となくの付き合いという感じでそこにいて聞いているだけなのか、ということは、データにするのは難しいだろう。また、私たちは、会話をしている人同士の雰囲気から、その人同士が既知の間柄なのか、今初めて知り合ったのか、何となく想像できることが多いが、そのような情報は、データとして準備できるものだろうか。恐らく困難を極めるだろう。

実体と情報、データの関係性

今みた通り、何らかの事象について考えるとき、その実体に対して、認識可能な情報は限られているし、抽象化されたものになっている。同じように、情報に対してデータは限定的かつ抽象的なのである。なぜなら、いくらセンサーなどが発達し、人間の生身の体では感じることができないデータが収集されたとしても、人間の発想の下にそれらが発達するからには、人間が情報として認識する世界の中に存在せざるを得ないからだ。この関係を図で表すと、図11のようになる。

46

第2章　データの有無と意思決定のプロセス

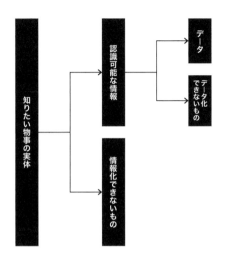

図11　実体と情報、データとの関係性

　このような関係性にあるからといって、データに基づく意思決定より、人が認識した情報による、データを用いない意思決定の方が優れている、ということは無い。むしろ、人が認識する情報には様々な心理的フィルターがかかるため、意思決定をゆがめてしまう、ということもよく知られている（その一部は後に議論する）。しかし今度はそれを根拠に、データに基づく意思決定の方が優れている、と言うのも、認識可能な情報に対してデータが限定的で抽象的であることを忘れた、傲慢な態度だろう。

　ともかく、意思決定をするときに、私たちがその前提知識として知るべきことは、情報もデータも、実体に対しては限定的かつ抽象的であり、決してそれそのものの全体を考慮することはできない、ということである。データサイエンスを応用したシステムが社会に浸透する中で、前章で述べたように、それが人による何らかの主観を含む意思決定を経て生み出されたものである、ということを認識することが重要であるのと同時に、今述べた通り、意思決定においては、現実の物事の実体のすべてを考慮できるわけではない、ということに、私たちはもっと謙虚であるべきだろう。

第4節
意思決定の生み出す価値と、情報やデータの不完全性

唯一正しい意思決定は存在するか

　上述した通り、情報であれデータであれ、意思決定において参考にしたいと考えている物事の実体から見れば、それらは限定的かつ抽象的である。その前提を忘れて、何らかの意思決定を唯一正しいものだ、と考えるのは傲慢である。しかし逆に、唯一正しい意思決定ができないなら、どんな意思決定をしても同じだ、というのは、悲観的過ぎるだろう。

　空模様を見て、傘を持つかどうかの意思決定をした例を思い出してほしい。ここで意思決定に利用した情報は、もちろん空模様の実体から見れば限定的で抽象的だ。言うまでもなく、その情報から得られる、雨が降るかどうかという想定と、未来の現実とが一致する確率はそれほど高くないだろう。一方で、空模様の実体全てを認識できたとして、そこから導き出される雨についての想定は、未来の現実と完全に一致するだろうか。また、一致したとして、それは唯一正しい意思決定を導き、その価値を最大化することにつながるのだろうか。

　例えば、玄関先で目に入る範囲の空模様の実体が完全にデータ化され、入力されれば、その先10分間の徒歩圏内で雨が降るかどうかということについて、ほぼ100％未来と一致する予報ができるようなシステムが製作される、というようなことも、将来的にあり得ないことではない。

　しかし、玄関先で傘を持つかどうかの意思決定をするとき、考慮したい時間や場所は様々である。それが、玄関先で目に入る範囲の空模様の実体だけで、すべて完全に想定されるとは考え難い。また、例え何らかのセンサーによって、全世界の空模様の実体が完全にデータとして把握されたとして、今度はそれだけ大規模な降雨の予報ということであれば、空模様だけではなく、地表や海面上の状況が影響してくるだろう。

　よしんば、そのような降雨に関するすべての物事の実体がデータとして完全に把握でき、例えば全世界の1年先までの天気が100％間違うこと無

く予報できたとしても、それだけで、それに基づく意思決定が唯一正しいものになるということは無いのである。

　そんなはずはない、とお思いだろうか。では、そのようなことが可能になった世界を想像してみよう。

100%的中する天気予報がある世界での意思決定

　土曜日の昼下がり、あなたは電車で街に買い物に出かけようとしている。今日は、以前街に出たときに目をつけておいた靴を買おうと思っている。せっかくなので、その他にもいくつかお店を巡り、最後に夕食とするための惣菜を買って、夕方には帰宅する予定だ。

　雨に濡れるのは嫌いなので、最新の天気予報アプリで、家から駅までの道のりと、買い物をする街との、今から夕方までの降水の有無（100%的中するので、降水「確率」ではない）を調べる。雨は降らないとのこと。気持ちよく買い物ができそうだ。あなたは、最低限の身の回り品だけカバンに入れて、傘は持たずに買い物へ出かけることにした。

　さて、この時の、「傘を持たない」という意思決定は、唯一正しいものだろうか。雨は降らないのだから、正しいに決まっているじゃないか、と思われる読者が大半だろう。しかしこの後、こんなことが起こるかもしれない。

　街につき、目をつけていた靴のサイズを決めようと試着をしていると、隣のイスに、偶然高校時代に仲の良かった友人が座った。久しぶりで会話が弾む中、お互いに今日は家での夕食を出来合いの惣菜で済まそうと考えていたことが分かった。それなら、ということで、街で一緒に食事をすることになり、話し込んでいるうちにお酒もすすみ、帰宅がずいぶん遅くなってしまった。

　帰りの電車を降りて自宅最寄りの駅を出ると、本格的な雨が降っていた……。しまった、降水の有無は夕方までしか確認していなかった……。

どうだろう。もちろん、こんなことが起こることは稀だろう。しかし、起こり得る。起こり得るということは、先ほどの「傘を持たない」という意思決定は、唯一正しいものではない。では、あらかじめ、夜までの降水の有無を確認すれば良かったのだろうか。そうすれば、「傘を持つ」という意思決定をしていた？　すると今度は、友人との偶然の再会が無かった場合（多くはそうなるだろう）、無駄に傘を持ち歩くことになるのである。

　もっと言うならば、そのように夜までの降水の有無を確認して傘を持って家を出たとして、かつ友人と偶然に再会したとして、話し込んで終電を逃し、友人宅に泊まることになる、という展開も、可能性としてはあるだろう。その時、次の日には雨が降らなかったら？　これもやはり無駄に傘を持ち歩いたことになる。

　そうであるならば、次の日の降水の有無まで確認すべき？　そのようなことを考え出すと、将来のどこかの時点では雨が降ると考えるのが自然だから、少しでも雨に濡れるのが意思決定の失敗となるならば、外出の際は常に傘を持つべき、ということになり、この例での意思決定とはまた異なる問題になるだろう。

　何をもってある意思決定を失敗とするかどうか、というのは、それはそれで重要な問題だが、それについて論じるのはまた後にするとして、とにかく、「唯一正しい」意思決定というものが存在しがたいことは理解して頂けたと思う。我々はほとんどの場合、「なるべく良い」意思決定を模索することしかできないのである。そうであれば、実体に対する情報やデータの不完全性を理由に、それに基づく意思決定の価値が否定されるべきではないだろう。

囲碁や将棋における意思決定

　実は現時点の技術では、この例のように複雑なものでなく、物事の実体が比較的単純であるため完全に情報化あるいはデータ化することが可能で、かつそれに基づく意思決定の価値基準が明確な事象であったとしても、唯一正しい意思決定をすることは難しい。それは、囲碁や将棋といっ

第2章　データの有無と意思決定のプロセス

たゲームについて考えれば明白である。

　意思決定の際に、それに必要なすべての物事の実体が情報あるいはデータとして把握できるようなゲームは、「完全情報ゲーム」と呼ばれ、中でも囲碁や将棋のように、二人で行われ、かつゲーム中に不確定要素がない、などの条件を満たすものを、「二人零和有限確定完全情報ゲーム」と呼んで区別することがある（他に五目並べ、オセロ、チェスなど）。このようなゲームは理論上、二人のプレイヤーそれぞれが、すべての意思決定の時点（手番）において完璧な意思決定を行えば、後は初期設定とルールによって、先手が勝つか後手が勝つか、あるいは引き分けるかが決まるはずである。実際に、禁じ手の無い、ごく単純な五目並べでは、すでに明治時代には先手必勝の意思決定方法が発見されている。

　しかし、囲碁や将棋のように、小学生にも初期設定やルールが理解できるほど単純な「二人零和有限確定完全情報ゲーム」であっても、未だに必勝の意思決定方法が発見されていないものがほとんどである。AI関連技術の急速な発展で、囲碁や将棋において、コンピューターの人間に対する勝率が圧倒的に高くなった現在でさえ、その勝率は100%ではないし、同じ能力のコンピュータ同士の対決であっても、先後どちらかの勝率が100%とはなっていないのだ。

　現実世界と比べ物にならないほど単純なゲームにおいて、しかも理論的に正解が定められそうなものでさえ、まだそういう状況なのである。少なくとも現時点で、情報やデータが完全であれば唯一正しい意思決定ができる、というような考えは、ほとんど幻想でしかない。

　前章で、完全に普遍的、一般的かつ客観的な指標による意思決定は無い、という話をしたが、それに加え、何らかの前提のもとに、何らかの指標を決めたとしても、唯一正しい意思決定ができるということはないのである。それはひとつには、情報やデータが、現実の物事の実体に対して不完全であることによってもたらされるし、もうひとつには、物事の実体が完全に情報化・データ化されたとしても、各物事同士の関係性が複雑であることによってもたらされるのだ。

51

では、そのような中での意思決定は、どのように行われ得るものなのだろうか。筆者は、そのヒントが、経済学における意思決定に関する研究の中にあると考えている。

第3章
データと主観との交差点としての
意思決定理論

本書の冒頭で述べた通り、意思決定についての一般化は、経済学の分野で活発に議論されている。そこでは、上述のようなデータに基づく意思決定や、過去の経験に基づく意思決定はもちろん、より直感的な意思決定までが取り扱われている。しかしそれらも、正しい意思決定とはどうあるべきか、という問いへの答えを与えてくれるものではなく、我々が実際に行っている意思決定とはどういうものか、を理論的に説明しようとするものでしかない。

　だからと言って、それを知ることは無駄ではない。特に、複数の人が影響を受けるような意思決定については、そのような理論によって、どのように意思決定がなされたのかを明確に説明できる、ということは意義をもつはずである。なぜなら、詳しくは後に述べるが、そのような場合には、関係者の合意形成が必要となる場面が多く、そのためには、意思決定に関わる要素を整理して議論することが有効だろうからである。そのため、データサイエンスのプロセスで行われる意思決定が生み出す価値を考えるとき、それら経済学で研究されている意思決定理論は非常に有用だと著者は考えている。

　もちろん、経済学で取り扱われるような広く一般的な意思決定からみれば、前章で取り上げた、図10のような意思決定のプロセスは、やや特殊なものだろう。ただ、データに基づく意思決定についてのみを考えれば、そのようなプロセスは一般的と言って良く、経済学における意思決定理論でも当然議論の対象となるものである[10]。また、図10のうち、データを用いない意思決定についても、ここではそれが、データサイエンスによる意思決定と構造的にみればそれほど変わらな

---

(10) このようなプロセスは、後に述べる事例ベース意思決定理論において、より明確に経済学の意思決定理論の中に位置づけられる。

い、ということが言えれば良い。そしてそうであるならば、そのような意思決定のプロセスも十分多くの人に経験されていると考えられるし、経済学的な意思決定理論の範疇なので、やはり経済学的な意思決定理論には学ぶべきところがあるだろう。

第1節
本章での議論の視点

期待効用理論

　さて、経済学における意思決定理論の中でもミクロ経済学では、「効用」という、人や企業が複数の選択肢から何かを選ぶ際の、それぞれの選択肢を選んだときに得られる結果の好ましさを表す値が定義される[11]。そして、人や企業は、基本的には効用を最大化するように意思決定を行うとされる。

　つまり、意思決定の生み出す価値は、この効用で評価されることになる、というのが経済学的な理解である。しかし、そこでひとつ問題となるのは、意思決定をする人や企業が、意思決定の選択肢それぞれで得られる効用を予め知ることができない場合である。くじ引きなどは、その分かりやすい例だろう。

　例えば、ある商品を購入できる店が二つあるとする。A店では、その商品を定価の8％割引で売っている。一方B店では、その商品を購入した場合、10人に1人が当たるくじを引き、当たりが出れば無料になり、外れれば定価になる。このような場合、読者の皆さんはどちらの店で商品を購入するだろうか？　意思決定のひとつの選択肢（A店で購入）では、8％割引で商品を手に入れることができるという結果が約束されていて効用は確実に想像され得る。しかしもう一方（B店で購入）では、結果は運次第であり、その効用も想像するのが難しいだろう。

　このような中で、効用を基準にした意思決定がどのように行われるのか、というのが、ミクロ経済学では、不確実性下の意思決定、というテーマとして扱われてきたものである[12]。そして、不確実性下では、意思決定は「期待効用」を最大化するように行われる、という期待効用理論に基づいて議論するのが、ミクロ経済学では基本となる。期待効用とは、意思決

（11）もう少し詳しい定義は後述するが、正確な定義を知りたい場合は、神取（2014）などの経済学の専門書が参考になるだろう。

定の対象となる選択肢それぞれで、それぞれを選択したときに得られると期待される効用である。

データサイエンスと経験的主観

　これら効用に基づく意思決定理論は、効用が「好ましさ」という主観により定義される点で、データに基づく意思決定の理論とは、相容れられないように感じられるかもしれない。しかし、これまで論じた通り、データサイエンスのプロセスも、完全に普遍的、一般的で客観的な指標で意思決定を促せるものではなく、主観を含んでいるのである。そして、図11について解説した通り、人間が知覚している情報の方がデータよりも豊かだろう。

　それならば、そのようなデータ以外のものに基づく主観（以降、データサイエンスに宿命的に含まれる主観、すなわち計算上設けざるを得ない明示的な前提や仮定との区別が分かりやすいように、便宜的に「経験的主観」と呼びたい）は、データに基づく意思決定をより良いものにする可能性がある。それはすなわち、データサイエンスのプロセスで行われる意思決定においても、効用に基づく意思決定理論を理解しておくことが有用であろうことを示唆する。

　ただ、想像に難くないと思うが、意思決定の対象となる問題は、非常に多くのバリエーションをもつ。なので、当然ながら期待効用理論にしても、それですべての意思決定が説明できるようなものではない。後に詳しく述べるが、実際の意思決定の場面では、恐らく心理的な作用によって、期待効用理論から考えられる論理的な決定と矛盾するような現象も多く観察されている。例えば、二つの同じ期待効用をもつ選択肢ＡとＢがあったとし

---

(12) ミクロ経済学の中の意思決定理論的に正確を期すならば、確率が分かっている場合には「不確実性」ではなく「リスク」とすべきだが、ここでは、広範な読者に分かりやすいように、「不確実性」は「確実性」と対比されるものとして、「リスク」を含むこととしたい。なお、意思決定理論におけるそれらの分類については、竹村ほか（2004）に分かりやすくまとめられている。

て、その選択肢の提示のされ方によって、あるときにはAを好む人が、あるときにはBを好むようなことが実際には現れるのである。

そのように実際に観察される意思決定から一般的な理論を導き出す試みは、心理学やそれに深く結び付いた行動経済学などの分野で活発に行われている。そして、データサイエンスと経験的主観とを融合させた意思決定の利点を享受する上で、それらを知ることは、経験的主観が意図しない形で意思決定に影響することを防ぐ意味で非常に重要である。本章では、それらの理論から有名なものをいくつか拾い上げ、それらとデータサイエンスのプロセスで行われる意思決定との関連性についても論じたい。

事例ベース意思決定理論

また、期待効用理論のもうひとつの問題として、人や企業が複数の選択肢に対して期待効用の大小を比較するためには、どの選択肢を選んだ時に、どのような状態になり得て、どのような結果がどのくらいの確率で得られるのか、ということを認識できなければならない、ということがある。これも想像に難くないと思うが、すべての意思決定において、意思決定者がそれらを認識できるか、というと、そのようなことはあり得ない。

例えば、日本において外国人労働者の受け入れ要件を変更するべきかどうか、というような意思決定の場面で、選択肢それぞれにおいて、すべての起こり得る状態を考え、どのような結果がどのくらいの確率で得られるのか、ということを意思決定者が認識する、というのは不可能に近いだろう。

ギルボア・シュマイドラー（2005）は、経済学的な立場から、そのような意思決定を、「構造に関する無知」の下での意思決定と定義した。そして、そのような意思決定を論じるときは、期待効用理論はうまく機能せず、事例ベース意思決定理論が有用である、という主張をしている。これについても詳しくは後に譲るが、筆者はこれに賛同する立場である。そして、この期待効用理論と事例ベース意思決定理論とは、データサイエンスのプロセスで行われる意思決定において、組み合わせて用いることで非常

に有効なものになると筆者は考えている。

　これらの理論やそれに関する議論は、非常に広く深く行われており、正確に理解するためには数式も必要になってくる。ここでは、データサイエンスのプロセスで行われる意思決定についての理解を深めることを目的に、経済学における意思決定理論について、例を用いながら、できる限り平易に解説したい。もちろん、必要最小限の数式は使わざるを得ないが、それを飛ばして文章だけ読んでも理解して頂けるように極力配慮したつもりである。

　そして、本章の最後には、データサイエンスのプロセスで行われる意思決定において、データと経験的主観との双方を利用したより良い意思決定のあり方についてヒントをつかんでいただければ幸いである。また、それを通じて、本格的にデータサイエンスの技術についての話に進む前に、それを理解し活用する上での視点を確立してもらいたい。

第3章　データと主観との交差点としての意思決定理論

第2節
効用と確実性下での意思決定

飲み物を選択する意思決定と効用

　先に述べた通り、ミクロ経済学的に意思決定を捉えれば、人や企業は、効用を最大化するように意思決定を行うものとされる。しかし、意思決定において効用は、常に事前に明らかになっている訳ではない。特に、データサイエンスのプロセスにおける意思決定では、基本的に意思決定の選択肢すべてにおいて、事前に効用が明らかになっていることは無いだろう。なぜなら、データサイエンスが必要とされるのは、未知のことを知りたい、という欲求が存在するときがほとんどだからだ。

　とは言えここでは、効用というものを理解するために、意思決定の前に効用が明らかな場面についてみてみよう。例えば、喉が渇いていて、飲み物を選ぶ場面のうち、選択肢となるすべての飲み物をすでに飲んだことがある、というような場面がそれにあたる[13]。

　ここでは、冷蔵庫の中にコーラ、麦茶およびミネラルウオーターの3種の飲み物があり、その中から麦茶を選んだとしよう。

　このときその人は、コーラよりも麦茶を好み、かつ、ミネラルウオーターより麦茶を好んだことになる。このような、二つの選択肢の間で、どちらか一方を、もう一方より同等以上に好む、という関係を経済学では「選好」と呼ぶ。そして、このような選好があるならば、その人は、以下のような関係になる値を計算する関数uをもっていると考えられる。

　　u（麦茶）≧u（コーラ）　　かつ　　u（麦茶）≧u（ミネラルウオーター）

---

(13) これも、初期状態ではすべての飲み物に対して無知である、ということから考えれば、後述の事例ベース意思決定論で語る方が適当かもしれないが、ここでは、効用について良く理解することを目的とするので、現時点で効用が明らかである、という点にのみ着目する。

61

このようなuを「効用関数」と呼び、それで表されるそれぞれの選択肢の好ましさを決定する値であるu(麦茶)、u(コーラ)およびu(ミネラルウオーター)をそれぞれの選択肢の効用、と呼ぶのである。いきなり数式が出てきて難しく感じられるかもしれない。

　そこで本来、この効用関数uは、本当の数式ではなく概念的なものであるが、説明のために具体化してみよう。例えば、uを以下のような数式だと考える。

$$u(m, c, w) = 100 \times m + 50 \times c + 25 \times w$$

　mには、麦茶だったら1を、そうでなければ0を代入するものとする。同じようにして、cにはコーラのときだけ、wにはミネラルウオーターのときだけ1を代入し、そうでなければ0である。すると、上の3つの効用は以下のように計算される。

$$u(麦茶) = u(1, 0, 0) = 100 \times 1 + 50 \times 0 + 25 \times 0 = 100$$
$$u(コーラ) = u(0, 1, 0) = 100 \times 0 + 50 \times 1 + 25 \times 0 = 50$$
$$u(ミネラルウオーター) = u(0, 0, 1) = 100 \times 0 + 50 \times 0 + 25 \times 1 = 25$$

　これで、効用関数と効用との関係がお分かりいただけただろうか。より平易に表現すれば、効用とは、ある選択肢を採用したときに得られる結果の好ましさを表す数値であり、効用関数とは、それぞれの選択肢の好ましさの数値を計算するための数式である。

　そして基本的には、人は意思決定に際して、効用関数によってそれぞれの効用を計算し、計算された効用が最大である選択肢を選ぶとされている。上の具体的な計算では、麦茶の効用が最大になっているので、麦茶が選ばれる、というわけである。

第3章　データと主観との交差点としての意思決定理論

効用と意思決定問題の分類

　この例のようによく知った選択肢ばかりの意思決定において、この効用
を計算する関数 u は、過去にそれぞれの選択肢を試したときに得られた結
果に基づいて決定されているだろう。例えば、コーラは美味しかったが
炭酸で一気には飲めない、とか、麦茶は味が薄いけど一気に飲めるので
喉の渇きを潤すのに良い、など、そういった経験を通じて、ある意思決
定の場面でそれらの効用を計算できるような関数が構築されていくと考
えられる。

　また、ここでは、ある選択肢を採用するという意思決定をすれば、その
効用が得られることが確実である。すなわち、麦茶を選択すれば、u(麦茶)
が、コーラを選択すれば u(コーラ) が確実に得られる。このように、選択
肢も、選択の結果として得られる効用も明らかな場合の意思決定は、「確
実性下」の意思決定、と言うことができる。

　これに対して、データサイエンスの応用が求められる意思決定の現場で
は、先に述べた通り、選択の結果として得られる効用が明らかなことはほ
とんど無い。そのような場合の意思決定は、確実性下の意思決定に対し
て、「不確実性下」の意思決定と呼ばれる。では、そのような意思決定は、
この確実性下での意思決定とどのように異なるのだろうか。まずは比較的
簡単な例として、先ほどのくじ引きの意思決定問題から考えていきたい。

63

第3節
不確実性下での意思決定と期待値

商品を購入する店舗を選択する意思決定

　ここで扱う意思決定問題では、ある商品について、A店では定価の8%割引で購入出来る。B店では10人に1人が当たるくじを引いて、当たれば無料、外れれば定価で購入することになる。このような環境で、どちらの店で商品を購入するか、というのが必要な意思決定だ。ここでは、「購入しない」という選択肢は無いものとして、「A店で購入する」または「B店で購入する」という二つの選択肢が採用できるもののすべてであるとしよう。

　この問題でも、先ほどの飲料における意思決定問題と同様、選択肢は明らかになっている。一方で、結果として得られる効用はどうだろうか。ここで、商品を手に入れることによる効用は、それをいくらで購入しても等しいと考えられる。となれば、選択肢によって異なるのは、割引によって得られる効用だ。しかし、その割引の大きさは、A店では意思決定をする時点で明らかになっているが、B店では明らかではない。では、どうすれば効用に基づいた意思決定ができるのだろうか。

各選択肢で得られる「結果」

　効用は、選択の結果の好ましさを表す値なので、まずは両店の割引の結果として手に入れられるものを考えてみるのが良いだろう。話を具体的にするために、商品の定価は10,000円であるものとし、今回は商品を1つだけ購入することにする。A店で購入した場合は、確実に8%の割引が受けられるので、結果として得られるものは単純である。それは、金銭的に以下のように計算できるだろう。

　A店で購入した場合に結果として得られるもの = 10,000円×8%=800円

　一方で、B店で購入した場合に結果として得られるものはどうだろう。

第3章　データと主観との交差点としての意思決定理論

これは、場合を分けて考えなければならない。くじで当たれば無料になるので、金銭的には単純に、10,000円を得ることになる。しかしもちろん、くじで外れれば定価で購入することになるので、何も得られない（0円を得る）ことになる。つまり、今回の意思決定において、結果として得られるものは以下の通りに整理できる。

（ア）A店で購入し、くじは引かない：800円を得る

（イ）B店で購入し、くじに当たる　：10,000円を得る

（ウ）B店で購入し、くじに外れる　：0円を得る

ここで、B店で購入し、くじに当たる、という意思決定の選択肢（イ）が存在するならば、ほとんどの人がそれを選ぶに違いないし、それを選べるということは、効用が確実に計算できているということである。しかし実際に与えられている選択肢は、A店で購入するか、B店で購入するか、という二つであり、B店で購入した場合にくじに当たるかどうかは、B店で購入するという意思決定をした上で、実際にくじを引いてみなければ分からない。つまり、意思決定の選択肢からみると、以下のような整理しかできない。

（ア）A店で購入する：800円を得る

（イ）B店で購入する：0円か10,000円を得る

意思決定後に変化する「状態」

このような状況では、感覚的な意思決定しかできないだろうし、論理的にどちらが好ましいかを議論するのは難しい。しかしここでは、（イ）の選択肢について、「くじに当たる」または「くじに外れる」のどちらの場合にどのような結果が得られるかはわかっている。因みに、このような意思決定における場合分けの、それぞれの場合のことを、意思決定理論では「状態」と呼び、今回の例では、表1のように意思決定の環境を整理することが多い。

65

表1 商品購入店舗の意思決定についての、各選択肢・状態で得られる結果

		状　態		
		くじは引かない	くじに当たる	くじに外れる
選択肢	A店で購入	800円	—	—
	B店で購入	—	10,000円	0円

各選択肢と各結果が得られる「確率」

　さて、この表1を見て、みなさんは二つの選択肢のどちらが好ましいかを決められるだろうか。言い方を変えれば、二つの選択肢の効用を計算することができるだろうか。整理はできたが、依然としてどちらを選ぶかを決めるのは難しいだろう。そこで、今回の意思決定のもう一つの要素である確率を利用することにしよう。今回のように、各状態になる確率が分かっているとき、表1から状態を除いて、結果と確率によって、表2のように整理される。これで、今回の意思決定に関係する要素がすべて整理できた。

表2 商品購入店舗の意思決定についての、各選択肢で得られる結果の発生確率

		結果（得られる金銭）		
		0円	800円	10,000円
選択肢	A店で購入	0	1.0	0
	B店で購入	0.9	0	0.1

　一般に確率と言うとパーセントを用いることが多いかもしれないが、学問的な場では、この表2のように、確率は基本的に0〜1の値を取る。1は100%、0.5は50%、のようにパーセントで記載した方が分かりやすい読者もいらっしゃるかもしれないのだが、本書はデータサイエンスを扱うものなので、その慣例に従った表現とすることをご了承いただきたい。ただ文中で、パーセント表記の方が一般に分かりやすいだろうところでは、パーセントも用いようと思う。

　今回、A店で購入する場合にはくじを引かないので、100%（1.0）の確

率で800円を得て、0円あるいは10,000円を得る確率は0である。B店で購入する場合には、逆に800円を得ることは無いが、くじ引きによって10人に1人が無料になるので、10%（0.1）の確率で10,000円を得て、10人に9人、つまり90%（0.9）の確率で0円を得ることになる。

意思決定の指標

　このように結果と確率を整理したときに、最終的にどのような指標を使って意思決定をするか、というのが、一般的なデータサイエンスの考え方と経済学的な考え方とで異なっていると筆者は考えている。そして、それらの違いと類似性とを知った上で、それらの融合の可能性を追求することが、データサイエンスを用いた意思決定のプロセスからより大きな価値を生み出すときに重要なのだ、というのが筆者の主張である。

　ここまで、経済学的な視点から意思決定問題を整理してきたが、表2には、経済学的な意思決定理論で重要な効用という考え方は組み込まれていない。一般的なデータサイエンスでは、この状態から効用を考えることなく意思決定に結びつけようとすることが多いように思う。少なくとも、これまで参考として挙げてきたデータサイエンス関連の諸著書の中では、表2でいうところの「結果」をどのように設定するか、ということの重要性は説かれるが、その結果のもつ効用を考えることの重要性は、直接的には言及されていない。

一般的なデータサイエンスにおける意思決定と「期待値」

　ここでは、両者の意思決定の導き方の違いを論じるため、まず一般的なデータサイエンスの考え方で表2から意思決定を導く場合を取り上げよう。そこでは、「期待値」というものが計算されることになる。

　期待値とは、言葉で言えば、あることを何度も繰り返したときに、その結果として得られる値の平均値がその付近になるであろうという値のことだ。ただ、くじの当たりはずれでは、値が二つしかなく、期待値を理解するのに適当とは言えないので、一旦例を変えて、単純なサイコロの話で期

待値を説明してみよう。

　いかさまの無いことが分かっている、各面に1～6の数字がそれぞれ書いてある6面体のサイコロ（いわゆる普通のサイコロ）がある。それを20回振ったところ、出た目の平均は2.8であった。これからまた120回サイコロを振るとして、その120回のサイコロの出目の平均はどのくらいになるだろうか。

振るサイコロ：

20回の出目：

20回の合計：　2 + 1 + 1 + 6 + 3 + …… + 6 + 4 + 2 = 56

20回の平均：　56 ÷ 20 = 2.8

次の120回の出目：　？？？

次の120回の合計：　？？？

次の120回の平均：　？？？

図12　サイコロを20回振った結果と、120回振ったときの
出目の予想問題のイメージ

　このような問題で、120回サイコロを振ったときの出目の平均が2.8付近になる、と考える人は少ないだろう。なぜなら、サイコロがいかさまでないのであれば、どの目も1/6の確率で出るはずであり、出目の平均は3～4の間になることが直感的に理解できるからだ。最初の20回で平均が2.8になったのは、たまたま低い値が続いたからであり、120回も振れば、平均は3～4の間になる確率が高いだろう、と考えるはずである。

期待値の計算

　この「3〜4の間になる確率が高いだろう」という考えの、「3〜4の間」という部分を具体的な数値にすれば、それが期待値となるのだ。実際に計算してみよう。120回サイコロを振って、理論通りすべての目が1/6ずつ出たとすると、1〜6までの数字が、それぞれ20回ずつ出ることになる。すると120回の出目の合計とその平均値は、以下のように計算できる。

　120回振った時の出目の理論的な合計：
　　　$1×20+2×20+3×20+4×20+5×20+6×20=420$

　120回振った時の出目の理論的な平均：$420÷120=3.5$

　このように、理論的に考えられる出目それぞれの確率から計算した平均値こそが、期待値である。実は、同じようなことを、240回振るとき、360回振るとき、というように試行回数を変えて計算してみても、やはり出目の理論的な平均は3.5となる。期待値は、試行回数に関係なく一定なのだ。それを数式として表すと、以下のようになる。

　期待値 $=$ 値$_1×$値$_1$ になる確率 $+$ 値$_2×$値$_2$ になる確率 $+……+$ 値$_n×$値$_n$ になる
　　　確率

　言葉で言えば、あることを何度も（無限に）繰り返したときに、その結果得られる値として考えられるものすべてについて、その値とその値になった割合（確率）とを掛け算して合計したもの、ということだ。そしてこれは、あることを何度も（無限に）繰り返した時に得られる値の平均でもある。実際にサイコロを振った時の期待値を、この数式にならって計算してみよう。6面体のサイコロなので、得られる値は1〜6の整数であり、それらの値になる確率は、すべて等しく1/6である。

$$1 \times \frac{1}{6} + 2 \times \frac{1}{6} + 3 \times \frac{1}{6} + 4 \times \frac{1}{6} + 5 \times \frac{1}{6} + 6 \times \frac{1}{6} = 3.5$$

きちんと3.5という値が導き出された。もちろん実際には、サイコロを何回振っても、出目の平均値がぴったり3.5になることは稀である。しかし、試行回数を増やせば増やすほど、その平均値は3.5に近づくはずである。期待値というものを何となく理解して頂けただろうか。

店舗選択問題における期待値

B店におけるくじ引きの話に戻ろう。期待値の計算に必要な、結果として得られる値については、先の議論の通り0か10,000である。そして、その値になる確率は、このくじが10人に1人当たるようにできているのだから、0が90%（0.9）で、10,000が10%（0.1）だ。すると、期待値は以下のように計算される。

$$0 \times 0.9 + 10,000 \times 0.1 = 1,000$$

つまり、このくじを何度も繰り返しひけば、外れたときは0円を得て、当たったときは10,000円を得る、ということを繰り返し、得られた金額の平均は1,000円付近になるだろう、ということである。この期待値を利用すれば、意思決定により得られる結果は、以下のように整理できることになる。表1や表2と比べてみて欲しい。どのようになるのかが不確実な状態の項目や、複数の結果の確率が必要なくなり、それぞれの選択肢とそれに対応するひとつの結果という、単純なつながりで意思決定ができるようになっている。

（ア）A店で購入する： 確実に800円を得る
（イ）B店で購入する： 期待値として1,000円を得る

これが、一般的なデータサイエンスでこの意思決定問題に貢献する手順

である。さてこのとき、読者のみなさんはどちらの店で商品を購入するだろうか。当然B店で購入すべき、と考えられた方が多いのではないか。そして、データサイエンスを応用したプロジェクトの現場でも、このような意思決定問題については、B店で購入する、という意思決定が唯一論理的なものとして支持されがちである。しかし、第2章での議論をもう一度思い出していただきたい。ここでもやはり、何らかの前提のもとに、何らかの指標を決めたとしても、唯一正しい意思決定というのは存在しがたいのである。

第4節
不確実性下での意思決定と期待効用

期待効用の計算

　そこで次に議論したいのが、経済学の考え方で表2から意思決定を導く場合だ。本章の初めに紹介した経済学の期待効用理論に基づいて、この意思決定問題を考えてみよう。期待効用とは、意思決定の対象となる選択肢それぞれで、それぞれを選択したときに得られると期待される効用であり、人や企業はそれを最大化する意思決定を行う、とするのが期待効用理論である。

　では、期待効用とはどのようなものだろうか。実は、期待値と全く同じような式で表されるのだ。それは、以下のようなものである。

$$\text{期待効用} = \text{結果}_1\text{の効用} \times \text{結果}_1\text{になる確率} + \text{結果}_2\text{の効用} \times \text{結果}_2\text{になる確率} + \dots$$
$$+ \text{結果}_n\text{の効用} \times \text{結果}_n\text{になる確率}$$

　先の期待値の計算式と見比べてほしい。「値」が「結果の効用」に、「その値になる確率」が「その結果になる確率」にそれぞれ換わっただけである。そこでもう一つ思い出していただきたい。先の計算式で導き出された期待値は、あることを何度も（無限に）繰り返したときに得られる値の平均であった。ということは、同じような計算式で導き出される期待効用は、あることを何度も（無限に）繰り返したときに得られる効用の平均である、といえる。

　それでは、早速これを用いて、今回の選択肢を期待効用で整理してみよう。前節で効用について説明したときと同様に、効用関数はuで表し、効用はu(得られる結果)として数値化されるものとする。

　（ア）A店で購入する：期待効用 u(800円)×1.0を得る
　（イ）B店で購入する：期待効用 u(0円)×0.9+u(10,000円)×0.1を得る

ここで重要になるのが、u(0円)、u(800円)およびu(10,000円)の三者の関係である。効用関数というのは、経験的主観に基づくものであるので、この選択肢それぞれの期待効用の大小は客観的に計算されるものではないのだ。

危険中立的な意思決定者の期待効用

まずは最も単純な例として、効用関数uが得られる結果に対して直線的である場合を考えよう。つまり、u(0円)=0、u(800円)=800 および u(10,000円)=10,000 であるような効用関数をもつ意思決定者の場合だ[14]。そのとき、その意思決定者にとっての選択肢と期待効用は図13のようになる。

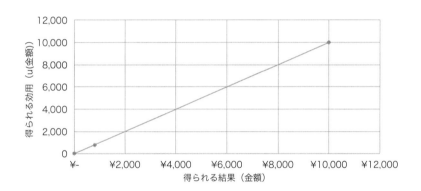

(ア) A店で購入する：期待効用　u(800円)×1.0=800×1.0=800を得る
(イ) B店で購入する：期待効用　u(0円)×0.9+u(10,000円)×0.1
　　　　　　　　　　　　　　　=0×0.9+10,000×0.1=1,000を得る

図13 効用関数uが得られる結果に対して直線的である人の意思決定問題のイメージ

---

(14) このように効用が実際に数値として表せるものであるかどうか、というのは、ミクロ経済学の分野でも議論があるが、ここでは理解を容易にするために仮に数値化できるものとして話を進める。

このような意思決定者は、不確実な選択肢の期待効用に期待値をそのまま用いているとも言える。もちろん、直線的な関係であれば、u（0円）＝0、u（800円）＝2×800＝1,600 および u（10,000円）＝2×10,000＝20,000 というような効用関数をもつ意思決定者も、この2倍のところを3倍とする意思決定者も、すべて同じ意思決定を行うはずである。ミクロ経済学では、このような直線的な効用関数をもつ意思決定者を「危険中立的な人」と呼ぶが、これはすなわち、一般的なデータサイエンスの考え方による意思決定をする人とほとんど同じものである。言い換えれば、一般的なデータサイエンスの現場では、多くの場合、危険中立的な人として意思決定することが論理的と考えられているのだ。

限界効用逓減の法則

　一方で、効用は経験的主観に基づくものであるので、800円もらうのと1,600円もらうのとでは2倍の効用の差を感じられ、5,000円くらいまでは効用が得られる結果に対して直線的な関係をもつが、5,000円と10,000円では2倍までの差は感じない、1.5倍くらいだ、という意思決定者もいるだろう。

　つまり、効用関数が10,000円の範囲の中で、最初から最後まで直線的であるわけではない、ということだ。その人の効用関数では、u（0円）＝0、u（800円）＝1×800＝800、u（5,000円）＝1×5,000＝5,000、および u（10,000円）＝0.75×10,000＝7,500 というように計算されるかもしれない。

　そんな馬鹿な、と思われるかもしれないが、このような関係性は、ミクロ経済学では「限界効用逓減の法則」として、様々なものの効用に当てはまると考えられている。食べ物、例えば米飯などで想像してみると分かりやすいかもしれない。

　空腹のとき、最初の1杯の米飯は非常に大きな効用をもつだろう。それが、2杯目、3杯目、……となっていけば、同じ一杯の米飯でも、段々と効用が小さくなっていくと感じる人がほとんどなのではないだろうか。例えば、1杯目の効用を u（1杯）＝100 として、追加の1杯の効用はその半分の

50でありu(2杯)=100+50=150、更に追加される1杯はそのまた半分の25の効用しかなくu(3杯)=100+50+25= 175となるような効用関数が考えられる。そのような関係をグラフにしたのが、図14だ。

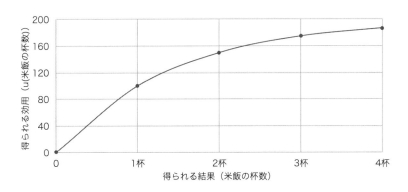

図14 米飯の効用が逓減するイメージ

このように、あるものを持てば持つほど、消費すれば消費するほど、それが追加されたときの効用の増加量が小さくなるという関係性は、多くのものに当てはまると経済学では考えられている。それが、「限界効用逓減の法則」と呼ばれるものだ。「限界効用」とは、結果の量が増えた際の効用の増分を表し、「逓減」とは徐々に減る、という意味である。

すなわち、「限界効用逓減」とは、得られる結果の量が増えると効用も増えるが、その増え方は、結果の量が多くなるにしたがって鈍ってくる、ということを示す。もちろん、お金のように様々なものに変換できるものを、米飯のような用途が限定されているものと同様に考えるのは少し乱暴なようにも思えるが、お金で得られるものの範囲にも限界がある以上、この法則が当てはまる可能性は高いのではないだろうか。

危険回避的な意思決定者の期待効用

そのような法則に従えば、上述のような、800円の効用が800で、10,000円の効用が7,500ということもあり得るわけである。もう少しそ

れらしくするなら、u（0円）=0、u（800円）=0.99×800=792、u（5,000円）=0.975×5,000=4,875、およびu（10,000円）=0.75×10,000=7,500というような効用関数をもつ意思決定者を例として考えた方が良いかもしれない。すると、その意思決定者にとっての選択肢と期待効用は図15のようになるだろう。

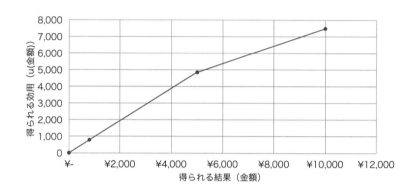

（ア）A店で購入する：期待効用　u(800円)×1.0=792×1.0=792を得る

（イ）B店で購入する：期待効用　u(0円)×0.9+u(10,000円)×0.1

=0×0.9+7,500×0.1=750を得る

図15　10,000円の範囲内で限界効用逓減の法則が働く人の意思決定問題のイメージ

このような意思決定者にとっては、不確実な選択肢の期待効用において、得られる結果とそれが得られる確率とのバランスで、期待効用が期待値より小さくなることが起こる。すなわち、このくじの例の意思決定問題を図15のように捉える意思決定者であれば、A店で購入する、という意思決定が論理的に導かれるのである。ミクロ経済学では、このような効用関数をもつ意思決定者を「危険回避的な人」と呼ぶ。

このような限界効用逓減の法則に基づく意思決定は、法人においては想定しづらいかもしれない。しかし、法人においても、例えば将来の売上げに影響するような意思決定に際して、すべての選択肢について、いつ、ど

のくらいのコストをかけることで期待される売上げが得られるのか、というのが完全に明らかになっていることはそれほど多くない。あるいはそれらをすべてデータに基づいて予測することもできるかもしれないが、そのような分析をするコストに見合うだけの価値が得られる選択肢が存在するか、というと稀だろうし、そもそも、そのような複雑な分析結果を意思決定者がすべて勘案できるわけでもないだろう。

　そう考えれば、各選択肢で期待される売上げの増分について、分析結果として得られた期待値をそのまま用いて意思決定するのではなく、経験的主観に基づく期待効用に変換して意思決定する、ということは、決して非論理的なものではないだろう。そしてそうであるならば、このような限界効用逓減の法則に基づいた、危険回避的な人としての意思決定は、法人においてもなお、論理的なものとしてあり得るのではないだろうか。

危険愛好的な意思決定者の期待効用

　ここまで、期待効用に基づく意思決定について、危険中立的な人の場合と、危険回避的な人の場合とを論じたが、ミクロ経済学における期待効用理論による意思決定では、もう一つ、「危険愛好的な人」というものが想定されている。これは、言葉通り危険回避的な人と対称的な意思決定を行うとされる意思決定者である。

　そのような意思決定者の存在は、限界効用逓減の法則に反するように思える。しかし、得られる結果の量が大きいところでは効用が逓減するが、小さいところでは逓増する（徐々に増える）というものの存在には、多くの人が自然な感覚として同意できるのではないだろうか。

　これについては、法人の意思決定を想定する方が分かりやすいかもしれない。将来の売上げに影響するようなビジネス施策を、複数の選択肢から意思決定するとき、各施策による売上げの増分は、所謂ハードルレート[15]

---

(15) ここでは、施策にかかる資金の現在価値に対する、施策で得たい売上げの現在価値の比のことを言うこととする。

77

を超えるまでは非常に低い効用しかないはずだ。そして、ハードルレートを超えた後は、売上げの増分と効用の増分とは直線的になり、やがて限界効用逓減の法則に従って効用の増分が減っていくものと考えられる（図16）。

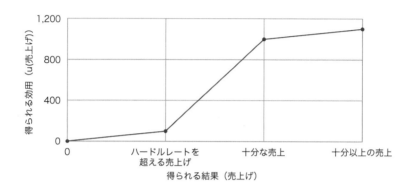

図16　ビジネス施策による売上げと効用の関係性のイメージ

　個人でも、例えば今回のくじの例で、購入する商品と併せて利用することが好ましい別の商品があったとして、その商品が9,600円だとするならば、9,600円を得ることの効用は、800円を得ることの効用に比べ、単純に計算される12倍という増分以上になるのではないだろうか。その人にとっては、A店の割引率が72%で7,200円を確実に得られたとしても大きな効用は得られず、逆にB店でくじに当たった場合に商品が無料にならなくても96%割引が受けられれば非常に大きな効用が得られる、ということもあるだろう。そのような場合には、例えば、u（0円）=0、u（800円）=0.25×800=200、u（7,200円）=0.5×7,200=3,600、u（9,600円）=1.2×9,600=11,520、およびu（10,000円）=1.18×10,000=11,800というような効用関数を意思決定者がもっているかもしれない。すると、その意思決定者にとっての選択肢と期待効用は図17のようになる。

第3章 データと主観との交差点としての意思決定理論

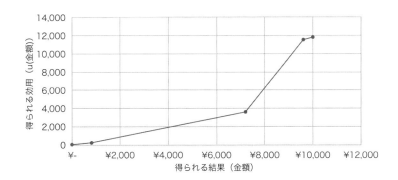

(ア) A店で購入する：期待効用　u(800円)×1.0＝400×1.0＝400を得る
(イ) B店で購入する：期待効用　u(0円)×0.9+u(10,000円)×0.1
　　　　　　　　　　　　　　＝0×0.9+11,800×0.1＝1,180を得る

図17　9,600円の前後で得られる効用が大きく変化する人の
意思決定問題のイメージ

　このような意思決定者にとっては、この意思決定問題において、B店で購入する、という意思決定が、単純な期待値によるものと結果としては同じだが、より固い決意（信念と言っても良いかもしれない）の下に行われることになるだろう。これが、ミクロ経済学で危険愛好的な人と呼ばれる意思決定者の意思決定の構造だ。

効用に基づく意思決定とデータサイエンス
　このように、期待効用理論に基づく意思決定では、同じ意思決定問題であっても、それぞれの選択肢で得られる結果に対する効用の計算によって、異なる3種類の意思決定があり得る。もちろん、現在でもこの分野の研究は発展しているし、期待効用理論に代わる新たな理論も生み出されている。しかし、いずれにしても本書において筆者が主張したいのは、一般

的なデータサイエンスの考え方で、ある一つの選択肢だけが論理的に正しいように思われる意思決定であっても、経済学の考え方で経験的主観を論理的枠組みで捉えれば、少なくとも一つだけが論理的に正しい選択肢であるとは言えない、ということである。

　ここにおいて、前章までで述べてきた、唯一正しい意思決定というものが存在しがたいという主張が、ひとまず理論的裏付けを得ることになった。繰り返しになるが、だからと言って、データに基づいた意思決定の意義が失われる訳ではない。詳しくは後述するが、重要なのは、期待値であろうと期待効用であろうと、どのような考え方に基づいて計算されるものであるかを理解し、それが自分（あるいは所属する組織など）にとってどのような意味を持つかを考えた上で意思決定を行うことなのだ。

　また、期待値のように可能な限り客観的に定義された数式で計算される値と、期待効用のように経験的主観に基づいてしか計算され得ない値との両方を考慮することは、データに基づく意思決定の価値を高める可能性さえあると筆者は考えている。

　なぜなら、これまでも論じてきたように、いくらデータを解析したとしても、意思決定に関連する物事の実体そのものすべてを考慮できるわけではない一方で、効用を計算するときの経験的主観というのは、多くの場合、過去の経験から物事を考察することで得たものであるはずで、それはデータ解析における物事の実体の網羅性についての不足を補えるものかもしれないからだ。

　意思決定をする際の入力に着目して図11で示した、物事の実体と情報、データとの関係性でそれを説明しようとするなら、期待値は「データ」の世界だけに閉じていて、期待効用は「データ化できないもの」の世界までを包含できると考えられる。また、これは後に詳しく述べるが、意思決定を行う際に考慮する状態（ある選択肢を採用した後に起こり得る状態）についても、現状で手に入るデータで想定できるもの以上が、経験によって想定し得るかもしれない。そのように考えれば、データサイエンスのプロセスで行われる意思決定において、経験的主観は、論理的思考を邪魔する

ものではなく、欠点を補うものであるはずである。

　ただし、そのような経験的主観を、論理的な意思決定に役立てようとしたときには、その特徴を理解しておく必要があるだろう。なぜなら、本章のはじめにも述べた通り、人は意思決定に際して、論理的に矛盾するような選択を、経験的主観によってしばしば行ってしまうからだ。次節では、心理学と密接に結びついて発達している行動経済学の分野でよく取り扱われる、そうした矛盾とその規則性についていくつかを取り上げ、データに基づく意思決定をより良いものにするための、経験的主観の活用に際しての注意点を指摘したい。

第5節
意思決定における経験的主観の活用についての注意点

経験的主観の予期せぬ働き

　実は、前節で取り上げた期待効用理論については、多くの発展的な研究において、理論に沿わない意思決定の例が確認されている。しかし本書では、期待効用理論を、データサイエンスのプロセスで行われる意思決定において、論理性を損なわない経験的主観の存在可能性と重要性を認識するための素材として扱うもので、決定的な意思決定の理論としての働きを期待している訳ではない。そのため、それらの反証をつまびらかにしてより良い理論を構築しようとか、新たな研究で提案されている特定の理論を採用すべきであるとか、そのようなことは論じないつもりだ。

　ただ、経験的主観というものが、意思決定にどのように影響するのか、特に、意思決定者の意図しない影響としてどのようなものがあり得るのかが、より良い意思決定を追求する上で重要であることは明らかだ。そのため、ここではそのような、意思決定に及ぼす経験的主観の意図せぬ影響として、心理学や行動経済学の分野で発見された現象のうち、有名なものをいくつか取り上げて議論してみたい。

フレーミング効果

　期待効用理論に対する反証の中でも代表的なものは、「フレーミング効果」と呼ばれるものであろう。それは、理論的には全く同じ意思決定問題でも、その問題の提示の仕方によって、意思決定で選択される選択肢が異なる、というものである。その例としては、Tversky & Kahneman（1981）の意思決定問題が有名だ。ひとつめの意思決定問題の提示の仕方は、「ポジティブ・フレーム条件」と呼ばれるもので、以下の通りである（訳は藤井・竹村（2001）からの引用）。

第3章 データと主観との交差点としての意思決定理論

　　アメリカで600人の人々を死に追いやると予期される特殊なアジアの病
　気が突発的に発生したとします。この病気を治すための2種類の対策が提
　案されました。これらの対策の正確な科学的推定値は以下の通りです。あ
　なたなら、どちらの対策を採用しますか？

　　　対策A：もしこの対策を採用すれば200人の人々が助かる
　　　対策B：もしこの対策を採用すれば600人が助かる確率は1/3で、誰も
　　　　　　　助からない確率は2/3である。

　さて、このとき読者の皆さんは対策Aと対策Bとのどちらを採用するだ
ろうか。決めた上で、次の意思決定問題を見てもらいたい。これは、「ネ
ガティブ・フレーム条件」と呼ばれるものだ。

　　アメリカで600人の人々を死に追いやると予期される特殊なアジアの病
　気が突発的に発生したとします。この病気を治すための2種類の対策が提
　案されました。これらの対策の正確な科学的推定値は以下の通りです。あ
　なたなら、どちらの対策を採用しますか？

　　　対策C：もしこの対策を採用すれば400人の人々が死亡する。
　　　対策D：もしこの対策を採用すれば誰も死なない確率は1/3で、600人
　　　　　　　が死亡する確率は2/3である。

　この場合の皆さんの意思決定はどのようになっただろうか。理論的に考
えれば、対策AとCは全く同じで、200人が助かり400人が死亡する。同
様に対策BとDも全く同じで、助かる人数の期待値は、$\frac{1}{3} \times 600 + \frac{2}{3}$
$\times 0 = 400$（人）である。しかも、単純に期待値が同じであるだけでなく、と
り得る結果の値も、その値になる確率も完全に同じだ。

83

それにもかかわらず、この問題を実際に意思決定してもらった実験において、ポジティブ・フレーム条件では、対策AがBよりも多くの人から選択される一方で、ネガティブ・フレーム条件では、対策DがCよりも多くの人から選択された。期待効用理論的に言えば、ポジティブ・フレーム条件では、危険回避的な人が多かった意思決定問題で、提示の仕方を変えただけのネガティブ・フレーム条件では、危険愛好的な人が多くなってしまったのだ。

フレーミング効果を説明する理論

　このフレーミング効果を説明できるものとして、期待効用理論に代わって注目されたのが、Tversky & Kahneman（1992）の累積プロスペクト理論である。詳細な説明は省くが、そこでは、意思決定者が利得を評価する場合には危険回避的になり、逆に損失を評価する場合には危険愛好的になることが仮定される[16]。つまり、先の意思決定問題で、ポジティブ・フレーム条件では、「助かる」という言葉によって、利得が評価されることになり、ネガティブ・フレーム条件では、「死亡する」という言葉によって、損失が評価されることになるため、二つの条件で矛盾するような意思決定が行われる、というのである。

　これに対し、藤井・竹村（2001）は、別の理論でフレーミング効果を説明しようとしている。「状況依存焦点モデル」というその理論は、結果の主観的価値（効用と考えて良い）と確率の主観的価値とを使って、そのどちらに焦点を当てて意思決定をするかによって、同じ結果と確率をもつ選択肢からなる意思決定問題であっても、採用される選択肢が異なる、というものである。データサイエンスでは、解析結果はなんらかの値とその値になる確率とで表されることが多いので、そのプロセスにおける意思決定

---

(16) 累積プロスペクト理論を含め、本節で取り上げる意思決定理論については、広田他（2018）がよい参考となるだろう。

をより良いものとするためにも、この理論を検討しておくことは、非常に有用であろう。

結果と確率の主観的判断

　状況依存焦点モデルは、ある選択肢で得られる結果の全体をX、それぞれの結果が得られる確率の全体をPとして、その選択肢のもつ価値をU(X, P)と表す。例えば、先ほどの病気とその対策の意思決定問題で考えよう。対策Bについて、助かる人の数を結果として扱えば、結果として得られる値は600人か0人なので、X={600, 0} とし、その結果が得られる確率がそれぞれ1/3および2/3なので、P={$\frac{1}{3}$, $\frac{2}{3}$}とした上で、そのXとPとを勘案することで、選択肢の価値であるU(X, P)が主観的に決定されることになる。また、U(X, P) の決定に当たっては、結果Xも確率Pも主観的に扱われるので、主観的な結果の価値であるF(X)および主観的な確率であるG(P)が定義される。これに、結果の価値と確率とのどちらにより焦点を当てるかを決めるパラメータであるaを加えると、状況依存焦点モデルは、以下のような数式で表されるのである。

$$U(X, P) = F(X)^a\, G(P)^{(1-a)}$$

　少し難しく感じられるかもしれないが、言葉で表現すれば、それほど複雑ではない。大きくは、選択肢の価値は結果の価値とその結果となる確率との掛け算F(X)×G(P)（期待効用とほぼ同じ）で決まるが、その掛け算に際して、結果の方により大きく焦点を当てれば確率の方に充てられる焦点は小さくなり、確率の方に焦点が当てられれば結果の方に焦点が当てられなくなる、ということを、aで累乗することで数式化した、ということである。
　焦点パラメータであるaは0〜1のいずれかの値になり、1だった場合には、確率は無視して得られる結果の価値だけからその選択肢を評価することになるし、逆に0だった場合には、結果は無視して確率だけから評価す

ることになるわけである。そして、ポジティブ・フレーム条件では結果の
価値よりも確率に、ネガティブ・フレーム条件では確率よりも結果の価値
にそれぞれ焦点を当てて選択肢の価値を判断する傾向にあると考えれば、
フレーミング効果が説明できることになる。

状況依存焦点モデルによるフレーミング効果の説明

　先ほどの病気への対策に関する意思決定問題で考えてみよう。ここで
は、結果の価値（≒効用）については、危険中立的に評価されることにし
て、200人助かることの価値は200、600人助かることの価値は600である
としよう。助かる人数が0人の場合はその価値は0として、何を掛けても0
なので考慮しない。ポジティブ・フレーム条件では、結果の価値よりも確
率に焦点があてられるので、その割合を、結果の価値：確率＝3：7になる
ように、a＝0.3として対策AおよびBの価値を計算してみよう。対策Aで
は、1.0（100％）の確率で200人が助かり、選択肢Bでは、1/3（約33％）
の確率で600人が助かる、というものだったので、以下のように計算でき
る。

　　対策Aの価値：$200^{0.3} \times 1.0^{0.7} \fallingdotseq 4.9$
　　対策Bの価値：$600^{0.3} \times \left(\frac{1}{3}\right)^{0.7} \fallingdotseq 3.2$

　対策Aの方が価値は高くなり、Aが選択されるので、フレーミング効果
の実験結果と一致する。ネガティブ・フレーム条件ではどうだろうか。助
かる人に着目すれば、対策CはAと、DはBと、それぞれ同じ値と確率
だった。ただし、提示の仕方がネガティブなので、結果の価値の方に焦点
が当たる。ここでは、結果の価値：確率＝7：3になるように、a＝0.7とし
て対策CおよびDの価値を計算してみよう。

　　対策Cの価値：$200^{0.7} \times 1.0^{0.3} \fallingdotseq 40.8$
　　対策Dの価値：$600^{0.7} \times \left(\frac{1}{3}\right)^{0.3} \fallingdotseq 63.3$

対策Dの方が価値は高くなり、Dが選択されるので、これもフレーミング効果の実験結果と一致する。このようにして、数学的には全く同じはずの意思決定問題で、どちらの選択肢が好まれるかが、問題の提示のされ方によって異なる、という一見矛盾したようなことが起こるというわけだ。状況依存焦点モデルについてある程度理解してもらえただろうか。

状況依存焦点モデルとデータサイエンス

いずれにしても、フレーミング効果によって意思決定が左右されることがある、というのは、データサイエンスのプロセスにおいても十分意識されるべきことだろう。それは、解析結果の提示のされ方によって、意思決定が異なる可能性がある、ということを意味するからだ。特に、値と確率とのどちらに焦点を当てて意思決定がなされるか、というのが、問題の提示方法によって異なるのではないか、という状況依存焦点モデルは、解析結果の提示方法と、それに基づく意思決定における注意すべき点について、非常に示唆に富むものだと考える。

他にも、心理学や行動経済学の研究から、データサイエンスのプロセスで行われる意思決定に当たって学ぶべきことは多い。そのすべてをここに述べることはできないが、私のデータサイエンスに関する実務経験から、重要だと思われるものを三つ挙げておこう。

アンカリングとデータサイエンス

ひとつ目は、「アンカリング」と呼ばれるものである。これは、人が何らかの値を推定するときに、初期値を与えられると、その初期値の付近から推定を行ってしまうために、初期値によって推定値が変わってしまう、というものだ。

例えば、Kahneman（2011, 2013）では、太平洋でのタンカー事故による原油流出を題材に、「太平洋沿岸の海鳥5万羽を救うためにいくら寄付するか？」という質問をする、という実験を行っている。そのとき、そのままいくら寄付するかを尋ねた場合と、初めに「5ドル以上寄付するつも

りはありますか？」あるいは、「400ドル以上寄付するつもりはあります
か？」と尋ねてからいくら寄付するかを尋ねた場合とで、回答された寄付
金額の平均が異なったのである。具体的には、そのまま尋ねた場合は64
ドル、2ドルをはじめに提示された場合は20ドルで、400ドルをはじめに
提示された場合には、なんと143ドルにもなったというのだ。

　このアンカリングも、データサイエンスのプロセスで行われる意思決定
において、考慮されるべきだろう。なぜなら、これは解析結果の提示の順
序によって意思決定が異なる可能性がある、という注意すべき点と、解析
結果が良い基準を与える可能性がある、という活用面での意義との両方を
示すものだからである。

賭博者の錯誤

　ふたつ目は、ランダム系列の誤認知だ。ランダム系列とは、ランダムな
事象の一連の結果であり、例えば、先の期待値の説明で例示したサイコロ
の出目である「2, 1, 1, 6, 3, ……」というようなものである。心理学や行動
経済学の分野では、我々がランダム系列を正しく認識できないことを示す
多くの実験が行われている[17]。そして、ランダム系列の誤認知のパターン
として有名なのが、「賭博者の錯誤」と「hot hand の錯誤」だ。

　まず、「賭博者の錯誤」について簡単に説明しよう。例えば、投げると
確実に表と裏とがそれぞれ0.5（50%）の確率で現れるコイン、つまり、投
げたときに表と裏とのどちらが出るかがランダムであるコインがあるとす
る。表が出たら○が、裏が出たら×が記録されるものとして、20回投げた
ときに、以下のようなことが起こったとしよう。

　　コイン投げの結果の記録：○×○○×○×××××××××××××××

---

(17) ランダム系列の誤認知については、伊東（2008）に詳しい。

第3章　データと主観との交差点としての意思決定理論

　さて、次にコインを投げたとき、表（○）と裏（×）のどちらになる確率が高いだろうか。答えは、どちらも同じ確率で現れる、である。しかし、我々はこのように×が多く続いたときに、このコインの表と裏の現れる確率が0.5であるという事実によって、間違った思い込みをすることがある。それは、その確率が0.5であるなら、○の数と×の数がおおよそ同じになるはずだ、という思い込みである。そしてそうであるならば、このように×が続いた後は、○になりやすいのではないか、と思ってしまう訳である。

事象が「独立」であるということ

　確かに、このような問題については、「大数の法則」と呼ばれるものがあり、○×どちらも0.5の確率で現れるコインを何度も投げれば、○の数と×の数とはほとんど同じになり、本当の確率である0.5に近づくことが数学的に証明されている（それでも、ぴったり0.5になるかどうかは分からない）。しかし、だからといって、次の一回が○あるいは×になる確率が変わるわけではない。100回投げて、×が99回続いたとしても、それは、そもそもそのコインが×になる確率の高いコインなのではないか、という疑いには正当性を与えるが、コインの○×の確率が本当に0.5であるならば、その×が続いたという事実は、過去にあり得ないほど珍しいことが起きた、というだけのものであり、次の一回で○×どちらになるかは、変わらず0.5の確率、つまり半々なのである。

　このように、ある事象（過去にコインを100回投げて99回×が続いたこと）の確率と、もう一つの事象（次にコインを投げて○×どちらかが出ること）の確率とが無関係であることを、統計学などでは「独立」している、という。この「独立」という考えをきちんと理解しておくことは、「賭博者の錯誤」を避け、データの解析結果を正しく解釈する上で非常に重要なことなので、データサイエンスのプロセスで行われる意思決定には欠かせないものである。

89

確率と順列、組み合わせ

　関連したこととして、これはまた別の錯誤なのだが、先の例と同じように、コインを20回投げる例で別のことを考えてみよう。これからコインを20回投げるとして、以下の2つの系列のうち、どちらが起こりやすいだろうか。系列Aではすべて×になっていて、系列Bには○が10個（半分）混ざっている。

　　系列A：××××××××××××××××××××
　　系列B：×○×○○×○○××○×○×○××○○×

　これも、我々が錯誤しやすい問題である。答えは、どちらも同じ確率で起こる、である。先ほどから繰り返しているように、このコインは、投げると確実に表（○）と裏（×）とがそれぞれ0.5の確率で現れる。そのため、それまで投げた結果がどのようになっていても、次の○×の確率はそれぞれ0.5なので、系列Aの確率も、Bの確率も、同じように1/2を20回かけて、以下のように計算される。

　　系列Aになる確率：$\frac{1}{2} \times \frac{1}{2} \times \frac{1}{2} \times ...... \times \frac{1}{2} = \frac{1}{2^{20}} ≒ 0.0001\%$

　　系列Bになる確率：$\frac{1}{2} \times \frac{1}{2} \times \frac{1}{2} \times ...... \times \frac{1}{2} = \frac{1}{2^{20}} ≒ 0.0001\%$

　つまり、系列Aになる確率もBになる確率も同じで、ほとんど起こり得ないような確率である。しかし心理学の実験では、このような二つの系列を見たとき、すべてが×である確率の方が低いと考える錯誤が多くの人に起こることが確かめられており、それはやはり、ランダム系列の誤認知に起因するのではないか、と考えられている[18]。恐らくそれは、すべてが×

———————
(18) これについても、広田ほか（2018）を参照されたい。

である確率と、系列Bのような順番ではなくとも、とにかく○が半分混ざる確率とを比べるなら、後者の方が確率は高い、ということも関係しているのだろう。

実際、すべてが×になる20個の並びは1通り（系列Aのようになる場合のみ）であるのに対し、半分○になる20個の○×の並びは（系列Bのようになる場合も含め）18万通り以上もあるからだ。きちんと計算すると、すべてが×になる確率は約0.0001%（先ほどの系列Aになる確率）であるのに対し、順序を考慮せずに、20回投げて○が10回、×が10回になる確率は、約17.6%になるのである。この、順序を考慮している確率か、順序に関係なく回数だけを問う確率なのか、という違いは、数学で確率について学ぶ際も混乱しがちなところかもしれないが、これもデータサイエンスのプロセスで意思決定をするときには、きちんと理解しておくべきところだ。

hot hand の錯誤

話が少しわき道にそれたが、ランダム系列の誤認知でもう一つ有名な「hot hand の錯誤」に話を移そう。これは、簡単に言えば、ランダムなものに規則性を見出してしまう錯誤である。

これについては、先ほどとは少し違うコインの例で解説してみよう。今回、使用するコインは2種類（コイン1, コイン2）である。どちらかのコインは先ほどと同じく、投げたときに表（○）と裏（×）とが0.5の確率で現れる、つまりランダムなものである。もう片方は、何らかの細工がしてあり、どのような確率で○×が現れるかは分からない。そして、コイン1と2とのどちらに細工がしてあるのかも分からないものとする。今、この2つのコインを21回投げた結果として、以下の二つの系列を得たものとする。

コイン1を投げた結果：×○×××○○○○×××○○○×××○×
コイン2を投げた結果：×○×○×○○×○×○×○×○×○×○×○×

いずれの系列でも、○が10個、×は11個だ。さて、読者の皆さんはどちらのコインがランダムなものだと思われるだろうか。もちろん、どちらの系列も、ランダムなコインの結果としてあり得るものであり、ランダムなコインを投げた結果として、この二つの系列それぞれにぴたりと一致する確率は同じである。

　しかし、ここでは視点を変えてみよう。ランダムであるなら、○の次が×である確率と、○の次も○である確率とがともに1/2のはずである。そのような観点で見直してみると、系列Aでは○と×とが交互に現れている回数が20回中8回で4/10だが、Bでは20回中18回で9/10になっている。つまり、系列Bの方が○と×が交互に現れやすいという規則性を持っているのではないか、と疑われるのだ。

ランダムさに対する我々の脆弱性

　因みに、このような系列のランダムさを検定する統計手法に連検定と言うものがある。連とは、ここでいう○または×の続きをひとまとまりとして考えるもので、連検定とは、その連の長さが、確率的にありえないほど長すぎたり短すぎたりした場合に、ランダムではないと判断しよう、というものだ。これを使うと、コイン1をランダムでないと言うのは難しいが、コイン2はランダムではないと判断するのが妥当だ、という結果になる。

　一方で我々は、この二つの系列を見たとき、どちらかと言えば、コイン1の方が不自然に×と○が続いているように感じがちである。それが、「hot hand の錯誤」だ。この名前は、アメリカのバスケットボールのファンの間で、ひとたびシュートが入り出した選手は、連続でシュートを決めやすい状態になる、と信じる人が多く、そういう状態の選手のことを「hot hand」と呼ぶことに由来している。もちろん、「錯誤」ということは、そのような現象は統計的には支持されない、ということである。

　有名なのは、Gilovich他（1985）の研究で、プロバスケットボール選手のゴールの成否を連検定して、ランダムでない、と判断される選手はほと

んどいなかった（つまりほとんどの選手のゴールの成否はランダムと考えられた）にも関わらず、ファンの大学生やプロバスケットボール選手の間では、「前のシュートが成功したときの方が、そうでないときよりも成功しやすい」ということを信じる人が多かった、という実験である。このような現象は、他の調査でも多く見られるものであり、その原因について様々に考察されている[19]。

　このように我々は、ランダムなものの中に規則性を見出したり、逆に規則性のあるものをランダムであるとみなしたりするものなのである。これは非常に厄介な性質だが、その性質を認識しておけば、対処することは難しくない。何かのデータの並びを見たとき、規則性がありそうだと感じたら、ランダムなのではないかと疑い、ランダムなようだと感じたら、変化に規則性があるのではないかと疑えば良い。少し天邪鬼なようで憚られるかもしれないが、これも、データサイエンスのプロセスで行われる意思決定では非常に重要な視点である。

分母無視とデータサイエンス

　長くなったが、心理学や行動経済学の研究から、データサイエンスのプロセスで行われる意思決定に当たって学ぶべきことの三つめとして、最後に取り上げるのは、「分母無視」である。くじを例に説明してみよう。以下のような2種類のくじがあるとして、みなさんはどちらのくじを引きたいだろうか。もちろん、当たった時に得られるものは、二つのくじで同じである。

　　くじ A：小さい箱の中に、10枚のくじが入っていて1枚が当たり
　　くじ B：大きい箱の中に、100枚のくじが入っていて9枚が当たり

　確率的にAの方が当たりやすいことは、すぐに理解できる。しかし、広田

---

(19) これも、伊東（2008）に詳しい。

(2015)の実験などでは、このような単純な意思決定でさえ、分母を無視してくじBを選ぶ人がいることが確認されている。同実験では、数的思考能力と訳される「ニューメラシー」というものを、あるテストを用いて測定しているが、それが高いとみなされる人でも約18%がくじBを選び、低いとみなされる人では約30%もがくじBを選んだというのである。

　もしかすると、この例はあまりにも確率が計算しやすく、自分が分母無視をするという状況が考えられない読者もいるかもしれない。しかし、例えば日常のニュースで耳にするデータについて、すべて分母無視をせずに理解しているかを思い返してほしい。飲食業における異物混入や食中毒事故では、例えそれがごく少数であっても、人気のある店や商品ほどニュースになり易いが、一般のお店や商品に比べて、彼らの方にそれを起こしやすい何かの原因があるのだろうか。

　航空機の事故は、1件起こると重大なものになり易いが、他の交通手段に比べて、航空機の方が危険な手段なのだろうか。あるいは、薬やワクチンについて、数件でも重篤な副作用・副反応が出た場合、それらは直ちに処方や接種を禁止されるべきものだろうか。

　このように考えると、分母無視に起因する錯誤についても、完全に克服することが難しい我々の性質のように思える。これも、フレーミング効果やアンカリングと同様に、データサイエンスのプロセスで行われる意思決定において、解析結果の提示の仕方によって意思決定が意図しない影響を受けてしまう可能性を示すものとして、留意する必要があるだろう。

　前節では、データに基づく意思決定における、論理性を損なわない経験的主観の存在可能性と重要性を述べた。一方で、経験的主観というのは、今述べたように意思決定に対し、意図しないような影響を及ぼしてしまうことがある。そして前章までに述べた通り、データサイエンスのプロセスで行われる意思決定も、完全に普遍的、一般的で客観的な指標で行われるものではない以上、我々はこのような経験的主観の性質をよく理解し、それを制御しながら意思決定を行う必要があるのである。

第3章　データと主観との交差点としての意思決定理論

第6節
構造に関する無知下での意思決定と事例ベース意思決定理論

選択肢、状態、結果や確率のほとんどが未知である現実世界

　前節までで取り上げた意思決定問題は、選択肢と状態、結果が網羅されていて、各状態になる確率も明らかになっていた。しかし、現実の意思決定では、そのような環境が多いわけではない。本章の最初に述べた、外国人労働者の受け入れ条件の変更、というような政治的な意思決定は、それらが明らかになっていないものの最たる例であろう。

　注意すべきは、一見それらが明らかになっているように思える意思決定問題であっても、慎重に検討すると、必ずしもそうではない、ということがある点だ。例えば、前章で取り上げた立食パーティーの例では、参加者のうちの誰かに話しかける、と考えれば選択肢は網羅できるし、話しかけたときにその人が技術者である／技術者ではないという場合分けで言えば状態も網羅されている。しかし、その結果として得られるものは未知である。

　もう少し丁寧に考えれば、技術者であっても、知識や経験の豊富さによって得られる結果は異なるだろうから、状態は二つの場合分けでは考えられないだろう。これに、知識や経験の種類ということも加味すれば、状態が網羅できているかどうかも怪しい。同じく前章の雨の例に関しても、選択肢は傘を持つ／持たないという二つで網羅できているが、状態について、雨が降る／降らないという二つだけとして結果を考える、というのは現実に即していないだろう。実際の状態は、自身がいつどこにいるか、という時間と場所とについて幅を持つし、雨の量について激しい雨が降る〜雨が降らないというグラデーションもあるはずで、それぞれについて結果を異ならせて考える方がふさわしいはずだ。そしてそのように考えれば、全世界の降雨が確実に分かる世界でも、理論的に唯一の正しい意思決定を導けない、ということはすでに述べた通りである。

95

構造に関する無知下でのデータサイエンス

このように、結果に関わる状態さえも未知な意思決定を、ギルボア・シュマイドラー（2005）は、「構造に関する無知下」での意思決定と呼ぶ。そして、現実のデータサイエンスは、意識されているにせよされてないにせよ、この構造に関する無知の下での意思決定で利用されることが非常に多い。なぜなら、データサイエンスはビジネスに応用されることが多く、ビジネスに関わる状況は複数の要因が複雑に関連しながら変化しているために、意思決定後の状態を網羅することがほとんど不可能だからだ。

構造に関する無知下での意思決定では、期待効用理論をそのまま応用することは難しい。それは、期待効用が、得られる結果とその結果を得られる確率から導かれるものであり、その確率は第3節の表1および表2のように、選択肢と状態が網羅された中で得られるものだったということから、容易に想像できるだろう。

ここでデータサイエンスを、選択肢を限定し、可能な限り状態を網羅した上で、得られる結果とその結果になる確率とを推定することに用いることは可能である。詳しくは次章以降で述べるが、データサイエンスの技術としては、そのようなことを可能にするための実験手法や、結果と確率の推定方法が数多く提案されている。その意味では、データサイエンスと期待効用理論を組み合わせれば、構造に関する無知下での意思決定にも対応することはできるかもしれない。

未来に対する謙虚さの認識

しかしそれでも、すべての選択肢を考慮することも、余すところなく状態を網羅することも、ほとんど不可能である。なぜなら我々は現実には、未来に関する意思決定をしようとするのであり、未来にはどのようなことでも起こり得るからだ。ギルボア・シュマイドラー（2005）でも引用される、ヒュームの次のことばは、未来のことを考えるときに、常に留意すべきものだろう（一部、意味が分かりやすいように筆者により改変している）。

第3章　データと主観との交差点としての意思決定理論

> 　これまでの事実と相反する事象が起こることも可能である。なぜならその ことによって矛盾が生じることはありえないからである。そしてそれは、 いったん起こってしまえば、あたかも現実とうまく対応しているかのよう に知覚されることになるであろう。「太陽は明日昇らない」という命題は、 「太陽は明日も昇る」という命題に比べて、とくに非理知的でもなければ、 事実に矛盾するものでもないのである。したがって、その命題が偽である ことを示すのは不可能であろう。

　未来に起こることを論理的に考えることが意思決定に必要なものだとする ならば、ヴィトゲンシュタインのこの言葉も、付け加えるべきかもしれない。

> 　論理的なものは、単に可能であるだけではない。論理は、あらゆる可能 性を扱う。そしてすべての可能性は、論理にとっては事実なのだ。

　もちろん、このようなことを考え出したら、何をもって論理的な意思決 定とするのかさえ怪しくなるかもしれない。そして、少なくとも明日が今 日の延長線上にあり、あらゆるものが今日と同じ規則に従った振る舞いを するという信念は、多くの人が共有できるものであり、そうであるならば、 論理性はその信念の下で議論されればよいかもしれない。しかし一方で、 意思決定において、そもそもすべての選択肢を考慮したり、余すところな く状態を網羅したりすることを諦めた上でなお、論理的であることを可能 にするような理論を知ることは有用だろう。そしてそのようなものとして、 同著で提唱されているのが、事例ベース意思決定理論である。

過去の意思決定と「類似度」

　同理論では、構造に関する無知下で意思決定者は、直面する意思決定 問題に対して、過去の類似した意思決定の経験に基づいた判断を行うとさ

97

れる。これはつまり、図10の上のような意思決定のプロセスであり、恐らくここまでの議論をみてきた読者の皆様にも違和感のないものであろう。ではそれを、経済学的な意思決定問題として表現してみるとどうなるだろうか。

　直面する意思決定問題をpとして、その選択肢は(a, b)の二つであるとしよう。意思決定者は、この二つの選択肢について、それぞれを評価するための値$U(a), U(b)$に基づいて選択するものと考える。つまり、この評価値が期待効用理論でいうところの期待効用にあたるわけである。

　今、過去の意思決定問題（事例と呼ぶ）としてq_1があり、その時に選択肢aを採用して、結果r_1と効用$u(r_1)$が得られたことがあったとする。また、過去には他にも、以下の表のような意思決定を行っていたとしよう。

表3　過去に経験した意思決定

意思決定事例	採用した選択肢	得られた結果	得られた効用
q_1	a	r_1	$u(r_1)$
q_2	b	r_2	$u(r_2)$
q_3	b	r_3	$u(r_3)$
q_4	a	r_4	$u(r_4)$

　このようなとき、事例ベース意思決定理論では、選択肢それぞれの評価値$U(a), U(b)$は、現在の意思決定問題と過去の事例との類似度を使って計算されるものとする。類似度とは、言葉の通り似ている度合いであり、$s(p, q_1)$および$s(p, q_2)$は、それぞれpとq_1およびpとq_2の類似度を表す、というように定義して評価値を計算していく。

事例ベース意思決定理論による意思決定

　例えば、表3のような事例があるとして、直面する意思決定問題における選択肢aの評価値を決めるとしよう。今回、選択肢bはaと全く類似していないと考える。すると、過去の4つの事例について、採用した選択肢がbであるq_2やq_3については、選択肢aについての評価値を考えるときの

98

類似度は0 となる。他の2つの事例については、ここでは、s(p,q_1)=0.8お
よび s(p,q_4)=0.6としよう。基本的な事例ベース意思決定理論では、評価
値を、類似度で重み付けされた各事例で得られた効用の累計として計算す
る。これに従って、具体的に選択肢a の評価値を計算すると、以下のよう
になる。

$$U(a)=0.8×u(r_1)+0×u(r_2)+0×u(r_3)+0.6×u(r_4)=0.8×u(r_1)+0.6×u(r_4)$$

つまり、sという類似度関数（類似度を測る基準と言っても良いだろう）
に従って、今直面するpという意思決定と似ている事例であればあるほど、
その時に得られた効用を重要視して選択肢の評価値を計算する、というこ
とである。やや記号が多くなったが、考え方は簡潔なので、理解していた
だけるのではないだろうか。評価値の計算式を期待値の時のように書き下
せば、以下のようなことだ。

　ある選択肢の評価値 U
　　　＝事例_1の経験的類似度×事例_1で得られた効用＋事例_2の経験的類似度
　　　×事例_2で得られた効用＋……
　　　＋事例_nの経験的類似度×結果_nで得られた効用

　ギルボア・シュマイドラー（2005）に厳密に従えば、このように選
択肢の類似度まで考えたときの評価値はU' とされ、Uと区別されるもの
だし、他にも、類似度と効用とを掛け合わせたものの平均値を評価値と
するなど、様々な手法が提案されている。しかし、ここではそれらをつ
まびらかにはしない。入門としては、事例ベース意思決定理論において
は、過去の事例との類似度に依拠して選択肢が評価される、というだけ
の理解で十分だろう。

事例ベース意思決定理論とデータサイエンス

　いずれにしても、評価値については、その計算方法を細かく知るということよりも、期待値や期待効用と異なり、各選択肢を採用したときの結果を網羅して、それぞれの結果が得られる確率を考える、というようなプロセスが組み込まれていない、ということを理解する方が重要である。それはつまり、結果を網羅するための状態の網羅も必要としない、ということを表す。そのため、それらが未知の場合でも評価値を計算することができるのだ。

　松井（2002）やギルボア・シュマイドラー（2005）では、この基本モデルが、期待効用理論の基本モデルと相互に埋め込み可能であることが示され、事例ベース意思決定理論に基づく意思決定者が事例を十分学習すれば、期待効用理論と同じ結論にたどり着けることが示唆された。また、データサイエンスに携わったことのある読者は、この評価値Uの計算式が、データサイエンスでよく用いられる、機械学習によるデータの分類の考え方とよく似ていることに気付くかもしれない。

　ギルボア（2014）では、そのような機械学習との類似点を含め、このような類似度に基づく意思決定理論が、様々な意思決定問題に応用できることが示されている。それらを鑑みれば、この理論の応用の幅は非常に広いものであると期待できる。

　もちろん、この事例ベース意思決定理論も、様々な仮定の下に成り立つと考えられているものだし、そもそも、それが正しい、ということではなく、人間が実際に行っている意思決定を理論的に説明しようとする過程で生み出されたものである。そして、こういった意思決定理論については、実験でその汎用性を証明するのは非常に難しい。

　それらを考えれば、それを過度に信頼することはできないだろう。しかし、少なくとも、データに基づく意思決定において、解析結果を完全に普遍的、一般的かつ客観的であると信じ、そこから導き出される意思決定に経験的主観の入り込む余地は無い、と考えてしまうよりは、このような理論に基づいた検討を加える方が、より良い意思決定ができるのではないだろうか。

第3章　データと主観との交差点としての意思決定理論

事例ベース意思決定理論と「仮想的な事例」

　その上で、この事例ベース意思決定理論を利用する際に問題となるのが、どのようにして事例を集めるか、ということと、類似度をどのように計算するか、ということである。なぜなら、意思決定者が直接経験できる事例は限られているし、他者の過去事例など、自身が経験した以外の事例を評価値Uの計算に組み込むとしても、それらの事例と現在の意思決定問題との類似度をどのように決定すれば良いのかが分からないからだ。

　まず、事例について、ギルボア・シュマイドラー（2005）は、仮想的な事例も、評価値Uを計算するときに利用され得ると主張している。この仮想的な事例にはいくつか類型があり得るが、容易に同意できるものとしては、実際に選択しなかった行為でも、それを選択していた時にどうなったかがほとんど明らかであるもの、があるだろう。

　同著の中では、ピクニックの事例などが挙げられている。ある意思決定者がピクニックに行こうかどうか迷っていて、しかもその日は曇っていたとする。そのとき、前日も曇っていて、その後に夕立があった、というようなときには、これを仮想的な事例として捉えることができる。すなわち、「雲行きが怪しい時に郊外に出かけていたらひどい目にあっていた」という仮想的な事例として、今日のピクニックに行くかどうかの意思決定に利用できる、ということである。

仮想的な事例を用いた意思決定とデータサイエンス

　同じような場面は、他にも容易に想像されるだろう。意思決定の選択肢が量に関するものだったときなども、この仮想的な事例を利用できる場面かもしれない。

　例えば今、卵焼きを作っていて、卵に混ぜる砂糖の量を意思決定しようとしている。前に卵焼きを作った時に、卵2個に対して砂糖を小さじ1だけ混ぜたことがあるとする。その卵焼きを食べたとき、自分としてはもう少し甘みが足りないと感じた。その後もう一度作った時には、卵2個に対して砂糖を小さじ3だけ混ぜたが、それでは甘すぎた。このような経験を

101

持っていれば、今、卵に混ぜる砂糖の量を意思決定するのに際して、その中間量の砂糖をまぜた場合を仮想的な事例として利用することは難しくないだろう。

　ここにおいて、データサイエンスは、有効な仮想的事例を意思決定者に提示することが可能だと考えられる。なぜなら、データサイエンスでは、この砂糖の量と卵焼きの甘さとの関係性の例のように、ある値とある値との関係性を定式化する手法が様々に提案されており、それによって、過去の事例では現れなかった一方の値から、その値になった場合のもう一方の値を予測することが可能だからだ。これについても、次章以降で議論したい。

類似度の計算とデータサイエンス

　事例ベース意思決定理論について、残るもう一つの問題は、類似度の決め方だ。ギルボア・シュマイドラー（2005）では、類似度は経験的主観に基づいて決定し得るとされている。なぜなら、この類似度を決める関数である類似度関数は、効用から導かれ得るものであり、効用は経験的主観に基づいて計算されるものだからだ。一方で、ギルボア（2014）では、類似度がデータから計算され得るような場面も多く提示されていて、そういう場合にはある程度客観的な類似度が計算され得るとしている。

　ここでも、データサイエンスは、事例ベースでの意思決定に貢献することが可能だと考えられる。これも次章で述べるが、複数のもの同士の類似性を、数値によって計算するのもまた、データサイエンスに関する技術として多く提案されているからだ。

　このように、事例ベース意思決定理論とデータサイエンスとは、親和性の高いものと考えられる。そしてそうであるならば、データに基づく意思決定と、経験的主観に基づく意思決定とを組み合わせたより良い意思決定を目指そうとするときに、この事例ベース意思決定理論は非常に有用なものであろう。

　いずれにしても、本章で見てきたように、経験的主観というのは、デー

第3章　データと主観との交差点としての意思決定理論

タサイエンスのプロセスで行われる意思決定において、不要とされるべき
ものではない。それを論理的な枠組みで捉え、意図しない影響を及ぼさな
いように注意すれば、経験的主観はむしろ、データに基づく意思決定の価
値をより高いものにしてくれる可能性がある。次章から、データサイエン
スの技術的な側面について議論するが、それに際して、このような経験的
主観に基づく意思決定との関わりを意識していただくことは、その実用性
を高めることにつながるだろう。

第**4**章
データサイエンスを用いた
論理的な意思決定

データサイエンスは、「データに基づく意思決定」を導くためのものである。一方で、その意思決定が、完全に普遍的、一般的かつ客観的な指標によってなされることはほとんどない。そして第2章で述べた囲碁や将棋の例の通り、意思決定の選択肢や状態が理論的に網羅（つまりは定義）されていて、それに対応する結果について理論的には計算できるはずである場面であったとしても、よほど単純なものでない限り、少なくとも現時点の技術では、唯一正しい意思決定を導くことはできない。

　加えて、そのように選択肢や状態が網羅できない場面、すなわち構造に関する無知下での意思決定では、選択肢や状態をできるかぎり網羅して結果と確率を推定したり、過去の事例や仮想的事例との類似度を計算したりしても、それは期待効用理論における期待効用や、事例ベース意思決定理論における評価値 U を計算する要素にはなるが、ひとつの意思決定が自動的に導かれるようなものではない。結局、どのように経験的主観を取り入れるかによって、論理的に正しい意思決定と呼べるものは複数存在し得るのである。

　こうなると、データサイエンスのプロセスで行われる意思決定も、経済学で議論されている意思決定理論も必要ない、そんな小難しいことを考慮するくらいなら、人間の感覚で意思決定をすれば良い、と考える読者もいるかもしれない。しかし、それらを考慮した意思決定には、ひとつの大きな特徴がある。何らかの前提に基づいた何らかの指標と、経験的主観との取り扱い方に関する枠組みを決めれば、論理的な意思決定ができる、ということである。そして論理的であることは、個人的な意思決定については特に意味を持たないかもしれないが、複数人の行動や生活に影響を及ぼす意思決定においては大きな利点をもっている。

そのような意思決定も、もちろん先の課題を乗り越えることはできない。つまり、理論的に選択肢や状態が網羅された上に、それぞれの選択肢と状態との下でどのような結果が得られるかが明らかであるような場面、つまり確実性下での意思決定ができる場面はそれほど多くない。逆に、不確実性下の意思決定の中でも、選択肢や状態が網羅されない、つまり構造に関する無知の下での意思決定という、最も厄介な場面が多くある。

　そうなれば、最終的にはどうしても経験的主観に基づく意思決定が行われることにならざるを得ない。しかし、だからと言って、関係者のひとりないしは少数が行った感覚的な意思決定に従え、というのでは、合意形成は難しいだろう。

　そこでは、どのように意思決定を行ったのか、すなわち、どのように選択肢や状態を想定し、どのように結果や確率を推定し、あるいは類似度を計算して、最終的にどのような指標（例えば期待値、期待効用や評価値 U など）に基づいて意思決定を行ったのか、ということを明らかにすることが求められるはずだ。少なくともそうすれば、合意形成のために何を話し合うべきか、ということが明確になるし、異なる意見の間でどのような妥協ができそうか、ということも具体的に議論できるだろう。

　本章では、選択肢や状態、類似度、結果、確率や最終的な指標について、今述べたような問題を抱える中で、データサイエンスを用いることによって、どのように論理的に意思決定が行われ得るか、ということについて論じる。状態や事例といった意思決定問題の前提の定義の仕方、不確実性下での意思決定理論の取り扱い方や、結果と確率でみるか類似度でみるかといった最終的な指標の決め方は、データサイエンスのプロセスを進める前に、十分に議論されるべき重要事項

である。

　もちろん、それらを決める意思決定をデータサイエンスのプロセスで行うことも可能かもしれない。しかし、あることをデータサイエンスのプロセスで意思決定する際に必要な要素の定義をデータサイエンスのプロセスで意思決定する、というプロセスは、果てしない入れ子構造を形成する。そのため、どこかの時点では、データによるよりは、費用や技術的限界といった物理的な側面、あるいは、意思や倫理といった精神的な側面を勘案した、経験的主観によって、意思決定に必要な要素を定義せざるを得ないのである。

第1節
論理的な意思決定におけるデータ

「論理的な意思決定」の定義

　議論を始める前に、本書における「論理的な意思決定」の定義を改めて明確にしよう。なお、前章で述べた通り、意思決定においてデータサイエンスが求められるのは、基本的に不確実性下であるので、本章で扱う意思決定はすべて、不確実性下の意思決定である。また、それにあたって、期待効用理論で意思決定する場合と、事例ベース意思決定理論でする場合との、主に二つの場合を考慮することにする。その上で、意思決定が論理的であるというのを、本書では以下のように定義したい。

　まず、期待効用理論での意思決定が論理的であるとは、選択肢や状態をどのように定義し、その上でどのように結果とその確率を計算したか、が論理的に説明できることとする。次に、事例ベース意思決定理論での意思決定が論理的であるとは、どのような事例を用いて、どのように類似度を計算したか、が論理的に説明できることとする。そして最後にもちろん、期待効用理論と事例ベース意思決定論とのどちらで意思決定をするにしても、経験的主観をどのように働かせたか、つまり効用をどのように計算したか、ということに自覚的であり、他者を納得させる程度には論理的に説明できることも、その条件となる。

論理的な意思決定とデータサイエンス

　さて、これも前章で論じた通り、筆者はデータサイエンスを、期待効用理論で意思決定をするのに必要な結果と確率の推定に用いたり、あるいは事例ベース意思決定理論で必要な仮想的事例の追加と類似度の計算に用いたりすることで、データとデータ化されない情報との双方に基づく意思決定を可能にするものと考えている。では、論理的な意思決定を導く上で、それらを推定したり計算したりするときには、どのようなことが求められるだろうか。

第4章　データサイエンスを用いた論理的な意思決定

　まず、データサイエンスにおいては、取り扱われるのは当然ながらすべてデータである。そして先に述べた通り、データは意思決定に際して考慮したい実体を抽象化したものである。そうであるならば、取り扱うデータがどのように取得されたか、ということがきちんと説明されることが、データサイエンスを用いた論理的な意思決定の第一歩である。

　それを抜きに行われるどのような推定や類似度の計算も、論理的ではありえない。実際、データサイエンスで得られた結論を述べる論文やプレゼンテーションの資料には、ほとんどの場合それが明示されている。しかし、一般消費者が利用することが想定された、データサイエンスを組み込んだシステムでは、それが明示されることが少ないという点には、注意が必要だろう。

検索システムのためのデータと意思決定の論理性

　例えば、冒頭で例示したようなGoogleの検索システムが、どのようにデータを収集しているかは明らかではない。もちろん、ある程度の専門知識があれば、「ロボット」と呼ばれるプログラムによって、世界中のウェブサイトの情報をデータ化しているのは知っているし、ログインIDやクッキーと呼ばれる仕組みを利用して、ユーザーの検索行動や情報の閲覧行動をデータ化していることも知っている。しかし、具体的に彼らがそれらをどのようにデータ化し、蓄積しているかは分からない。

　またもちろん、それをどのように使って最終的に表示されるサイトのランク付けが行われているかも明らかにはされていない。そのため、世の中には、製作したウェブサイトがGoogleの検索結果の上位に表示されるようなファイル製作の仕方をコンサルティングするような会社も存在するのである（Search Engine Optimization、略してSEOと呼ばれる分野）。

　これは何も、Googleに悪意があってそうしているのではない。それ自体が、彼らのビジネスの重要な差別化要因になっているので、詳細を明らかにすることはできないのである。データサイエンスを組み込んだシステムでは、このような例は枚挙に暇ない。我々は、それらのメーカーがどのよ

うに世界を抽象化して捉えているのかを知ることなく、そのシステムの出力する結果を利用していることが多々あるのだ。

　もちろん、だからと言って、それらを用いた意思決定がすべて非論理的、ということではない。詳細は分からずとも、抽象化の手段を想像することはできるし、少なくともデータを取得する手段の範囲については、利用規約やプライバシーポリシーを調べることで、ある程度限定できるだろう。しかし、やはりそれに基づく意思決定は一定程度にしか論理的であり得ないのであり、その論理性は、彼らメーカーに対する信頼に大きく依存したものになっている、ということは自覚しておくべきだろう。

第4章　データサイエンスを用いた論理的な意思決定

第2節
論理的な意思決定問題の定義とデータサイエンス

選択肢と状態、あるいは仮想的事例

　さて、そのようなシステムでなく、論文やプレゼンテーションの形で結論が示されるデータサイエンスのプロセスについては、どのようにデータが取得されたかを明らかにしていることがほとんどである、という話に戻ろう。その時に明らかにされるべきものは、そのデータの取得において定義された、意思決定に関わる要素である。そしてその内でもまず重要になるのが、期待効用理論で言えば、選択肢と状態の定義であり、事例ベース意思決定理論で言えば、選択肢と（仮想的）事例の定義である。

　これは特に、疫学や農学のような、生物を対象とするデータサイエンスでよく問題となるところである。これらの学問が扱うのは、人の病気であったり、作物の生育であったり、とにかく結果に影響を及ぼす要因が多く、要因同士の関係も複雑なものである。そのような中で、あるひとつの要因によってある病気になる可能性が高くなるとか、あるひとつの要因が作物の生育を促進する可能性が高いとか、そういった結論を得るのは容易ではない[20]。なぜなら、それらに関係する意思決定は、ほとんどの場合、構造に関する無知下での意思決定となるからである。

小麦栽培で使用する肥料の意思決定問題

　例えば、小麦の栽培において、Aという肥料を使うべきかどうかを意思決定するとしよう。意思決定の選択肢については、このAという肥料を施肥するか、従来通りの肥料を施肥するか、という2つに限定して差し支えないだろう。小麦の生育促進が価値につながるのであれば、従来肥料に比べてAの方がその効果が高いという結果が得られることは、今後Aを利用

---

[20] 経済学的な側面では、第3章に述べた通り。統計学的な側面では、西内（2013）が参考になるだろう。

113

する、という意思決定につながりそうだ。実際には、Aの購入価格と生育促進の程度、それにより得られる小麦の増収量と売上げなど、他にも様々なことを加味した、経験的主観に基づく効用によって決定されることになるが、どの意思決定理論を採用するにしても、小麦の生育結果が効用の計算に決定的な役割を果たすはずである。

　ここでは、その結果は事前に想定できない、ということにする。もちろん実際には、肥料メーカーで、何らかの実験の結果に基づく生育促進の効果を謳ってこの肥料を売り出しているだろうが、それでも意思決定者が育成しようとしている状況と全く同じ状況で試されているかは分からないわけで、そのような設定もまったく非現実的という訳でもないだろう。

ごく簡単な実験

　さて今、この問題について、論理的な意思決定をするための実験を行ったとしよう。二つの鉢を用意して、同じ培養土を同量充填した上、それぞれに一株ずつ小麦を植え、片方には従来肥料を、もう片方にはAをそれぞれ施肥して、同じように水やりをしてそれらを育てた。生育の程度は、定期的に測定される、葉の枚数、面積、小麦の植物としての高さと、最後に測定される、収穫された小麦の重さでデータ化する。それらを二つの鉢に植えられた小麦で比較したところ、Aを施肥した方がすべての測定時点において、すべての測定項目で大きな値を示した。

　さて、あなたはこの結果を見て、今後小麦を育成するときにAを施肥する、という意思決定を行うだろうか。データの取得方法や定義は明らかであり、一見すれば、著しく論理性を欠いているようにも思えない。しかし恐らく、この結果だけで意思決定をすることには、躊躇する読者が大半だろう。では、なぜ躊躇されるのか、期待効用理論と事例ベース意思決定理論との双方に照らし合わせながら考えてみよう。

意思決定理論による実験の問題点の指摘

　期待効用理論であれば、想定した状態の場合の数が少なすぎる、と考え

114

第4章　データサイエンスを用いた論理的な意思決定

るはずだ。小麦の育成において、肥料の施肥という行為が、小麦の育成の程度という結果につながるまでには、様々な状態があり得る。まず、すぐに思いつくだけでも、小麦の個体差、品種や光の当たり方というような要因が考慮されるべきだろう。その他にも、実際の畑では、例え同じ一枚の畑の中でも、場所によって土や水の状態は様々である。それに対して、今回の実験では、特定の土や水の条件しか状態として考慮していない。また、仮に今回の状態だけで意思決定をするならば、実験で得られた結果と同様の結果が、次に小麦を育成するときにも得られると考えるしかない（結果はそれぞれの選択肢・状態に対して、1株分のものだけしか得られないので）。このような中で意思決定をしてしまうのは、論理的とは言えないだろう。

　一方、事例ベース意思決定理論で考えるなら、実験によって二つの事例が得られて、それらはこれから行う意思決定の選択肢に完璧に対応しているわけなので、評価値Uを計算することはできる。しかし、その計算で用いられる事例の類似度というのは、ほとんど選択肢の共通性のみに基づいているものであって、これもまた、選択した行為と結果とのつながりにおける様々な要素を全く考慮していない。このような類似度の計算は、およそ論理的と言えるようなものではないだろう。

実験計画の難しさ

　これは極端な例で、現実にはここまでお粗末な実験は無いと思うが、うまく設計されたように見える実験でも、同様の問題が存在する場合は意外なほどに多い。しかも最近では、大量のデータが容易に入手できるようになったため、そのような状態の網羅性や類似度の計算の妥当性を事前に考えること自体必要ない、という主張まである[21]。

　そのような主張はさておき、うまく設計されたように見えるものでも、

---

(21) マイヤー＝ショーンベルガー・クキエ（2013）など。

そのような問題が出てくるのは何故かを考えよう。これは一口に言えば、前章で議論した通り、このような意思決定において、厳密に状態をすべて網羅することが不可能だからである。一方で、これも前章で述べた通り、データサイエンスでよく用いる統計学の分野では、可能な限りそれを網羅したような実験を行う方法が様々に提唱されている。

　それでもやはり、要因が多く複雑に絡み合う中で、そのような実験を設計するのはかなり困難なことなのだ。その困難さを理解しておくことは、データサイエンスのプロセスで行われる意思決定をより良いものにする上で有用だろう。そのため、ここではまず最も単純に、人為的に作られた複数の条件下で、Aを施肥する場合と従来肥料を施肥する場合とを比較することを考えよう。

人為的に条件を制御した実験

　そもそも、土の状態ひとつとっても、どのような条件をいくつ用意すれば良いのか、決定することは難しい。ここでは、植物の生育に大きな影響を及ぼし、一般的に利用される肥料成分の代表ともなっている、窒素、リン酸およびカリウムの含有量について、それぞれ、平均的なものと、20%減少／増加させたものとの3水準の条件を用意することにした。また、水分量についても、平均的なものと、20%減少／増加させたものを用意する。

　すると、この時点で、条件の組み合わせ、つまり期待効用理論で言うところの状態は、$3 \times 3 \times 3 \times 3 = 81$通りにもなる（図18）。もう少し考えてみると、一枚の畑の中では、日当たりにも差がある。ということで、光についても3水準の条件を用意しよう、ということになれば、$3 \times 3 \times 3 \times 3 \times 3 = 243$通りにもなる。これにそれぞれ10%減少／増加の水準を加えれば、$4 \times 4 \times 4 \times 4 \times 4 = 1024$通りだ。それぞれの条件に1つ鉢を用意するだけで、1,024個の鉢が必要になる。個体差を考慮して、ひとつの鉢に5株植えるとすれば、小麦は5,120株が必要な計算だ。これに品種の差を調べるための条件を加えたら……。

第4章　データサイエンスを用いた論理的な意思決定

図18　土と水の条件の組み合わせの例

　このような実験は現実的だろうか。もちろん、費用をかければ実現することはできるだろう。しかし、それだけの費用をかける価値があるか、ということを考えれば、かなり難しいように思う。

ランダム化比較試験

　そこで、統計学の登場となる。詳しくは西内（2013）に譲るが、このような問題に対しては、実際の畑を複数の区画に分割し、それぞれの区画に対し、ランダムに従来肥料とAとを施肥し分ける、という対策が知られている（図19）。大雑把に言えば、土や水、光の当たり方などの条件がばらばらの区画を大量に用意すれば、それらの区画を無作為に半分ずつに分けたときに、その半分それぞれで、実際の育成における条件のばらつき具合を網羅できるはずだし、ばらつきの具合や平均は同程度になるはずだ、ということである。

　そして、そのような半分それぞれに、通常の肥料とAとを施肥し分ければ、十分に状態を網羅したと言って良いだろう、という訳だ。もちろん、ひとつの畑でその網羅性に不安があるのであれば、複数の畑を用意し、それらの畑のそれぞれで複数の区画を用意すれば良い。

施肥する肥料	区画	各区画の状態（実際にすべてを観測することはできない）				
		窒素含有量	リン酸含有量	カリウム含有量	水分量	日射量
従来	1	20%少ない	平均的	15%多い	20%多い	
A	2	平均的	10%少ない	平均的	5%多い	
従来	3	20%多い	平均的	5%少ない	15%少ない	
A	4	5%多い	15%多い	5%少ない	平均的	
A	5	平均的	5%多い	平均的	10%少ない	

畑を分割して区画を大量に用意

施肥する肥料をランダムに振り分け

認識しているもの/していないものを問わず自ずと様々な状態の区画で実験されることになる

図19 従来肥料とAとの施肥がもたらす結果を把握するための実験のイメージ

第4章 データサイエンスを用いた論理的な意思決定

このように計画された実験で、最終的にどのように意思決定が進められるかは後に譲るが、ここまですれば、意思決定問題の定義が論理的に十分検討されている、ということに納得できるのではないだろうか。このような実験の計画手法は、様々な問題に対応できるように検討されていて、それは、データを解析する者なら誰しもが知っているべきこととなっている。

実験計画の落とし穴

しかし、先にも述べたように、大量のデータが容易に入手できるようになったことで、それがおろそかになりがちになっている、ということは、データサイエンスの産物が普及しつつある社会で、大いに注意すべきことである。ここでは、この実験から導かれる意思決定について議論する前に、他の例で実験計画の落とし穴について考えてみよう。

例として、ウェブサイトにおける情報提供を考える。話を具体的に想像するために、「DS党」という架空の政党があるとして、3カ月後に控えた次の選挙のため、党のホームページをリニューアルすることを考える。この政党は、結党はわずか10年前だが、選挙のたびに議席数を増やし、2年前の選挙で野党第一党となっている。そのような背景もあって、DS党のホームページには、選挙期間前の現時点でも、月間数万人のアクセスがある。

今、みなさんはホームページリニューアルの担当者として、選挙期間が始まってから急増するだろう訪問者のことを考えて、より多くの訪問者に必要とされる順に、トップページのコンテンツを並べ替えて配置したいと考えている。コンテンツとして用意されているのは、ニュース、政策、活動状況、議員情報および選挙情報の5つだ。これらをどのように並び替えてトップページに配置するかという意思決定を、データサイエンスのプロセスによって導こうとするとき、どのように実験を行い、データを取得すれば良いだろうか。

意思決定の選択肢は5つのコンテンツの配置であり、すべてを網羅するなら120通りだ。その中から、訪問者がDS党のホームページに訪問したときに必要とする情報に最も到達しやすいコンテンツ配置を選びたいのである。

119

ここまではシンプルだが、やはりここでも、選択肢それぞれに対して、結果に影響を及ぼすだろう訪問者の状態は、網羅できないほどに複雑である。

　例えば、人がホームページを訪問する背景は、確実に結果を左右するだろう。小学生が学校で政治について何らかの宿題を出されて訪問したのか、青年がDS党の良さを周りに広めたいと考えて、あるいは批判すべきものということを伝えたいと考えて情報を集めるために訪問したのか、などによって、必要とするコンテンツは異なるはずである。他に、性別や年代、職業などのような、訪問という行動に関係なくその人がもつ性質によっても、必要とするコンテンツが異なるかもしれない。これも、先ほどの小麦の例と同じように、影響を及ぼす要因が非常に多い上、要因同士の関係も複雑なのだ。

ランダム化比較試験の計画

　となれば、先ほどの統計学の出番だ。圃場を複数に区分して、ランダムに施肥する肥料を異ならせることによって状態を可能な限り網羅したように、訪問者それぞれに、ランダムに作ったコンテンツ配置でトップページを表示して、どのコンテンツがより多く選択（クリック）されるかを確かめてみよう。

　数十人、数百人のデータでは、訪問する背景や性別、年代、職業などの状態に偏りが出るかもしれないが、幸いにもこのホームページには月間数万人のアクセスがある。これだけの人で実験すれば、それぞれのコンテンツ配置で表示された人ごとに、状態のばらつきも網羅されるし、状態の平均やばらつきの具合も同程度になるはずだ。そのような実験で最も良く利用されたコンテンツ配置は、最も多くの人に使いやすいコンテンツ配置に違いない。

　まず、コンテンツの配置順を異ならせた複数のトップページを製作する（図20）。次に、それを訪問者ごとにランダムに表示して、それぞれの訪問者が、どの配置に当たり、その時にどのコンテンツをクリックしたかを計測する（図21）。

第4章　データサイエンスを用いた論理的な意思決定

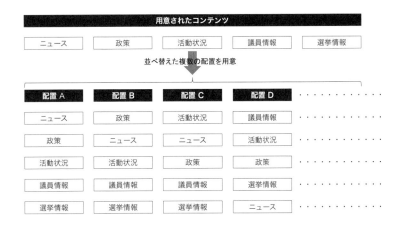

図20　実験のためのコンテンツ配置の準備イメージ

　このように計画された実験で、最もコンテンツをクリックされることの多かった配置が、人がDS党のホームページに訪問したときに必要とする情報に最も到達しやすい配置である可能性が高いだろう。今回は、この実験を30日間行うことにした。実験期間中にホームページを訪れた人は約6万人で、その内約2万人が何らかのコンテンツをクリックしてくれた。

データ全体のもつ状態の偏り

　さてみなさんは、この実験によって、意思決定問題の前提が整えられたと考えるだろうか。これだけの数の人で実験すれば、様々な背景を持った、様々な属性の人を網羅できているだろうから、一見、この実験の対象者は、将来の選挙期間中にホームページを訪問する人の状態を可能な限りよく網羅できているように思える。もしそうであれば、もちろんそこから導き出される意思決定は論理的で問題ないものだろう。しかし、そこには重大な見落としがある。

　それは、今回の実験の対象者である、前の選挙から2年後、次の選挙の3カ月前というタイミングでホームページを訪れる人全体の持つ特殊性

表示する配置	訪問者	各訪問者の状態（実際に観測することはできない）				
		性別	年代	職業	訪問背景	党への支持
A	1	女性	70代	無職	街頭演説聴講	……
B	2	女性	30代	会社員	TVニュース視聴	……
C	3	男性	30代	教師	ネット記事閲覧	……
A	4	女性	40代	弁護士	気になる政策	……
D	5	男性	10代	学生	政治学習	……

表示する配置をランダムに振り分け

数万人の訪問者で実験

認識しているもの／していないものを問わず自ずと様々な状態の訪問者で実験されることになる

図21 各コンテンツ配置がもたらす結果を把握するための実験のイメージ

である。恐らく、そのような人たちは、選挙期間中にホームページを訪れる人全体に比べれば、政治に、特にDS党により強い興味を持つ人たちだろう。少なくとも、支持政党的に中立な人が、選挙期間も差し迫らないうちから特定の政党のホームページを訪れる動機は、その政党を強く支持する、あるいは他の政党を強く支持する人のそれに比べればはるかに低いと考えるのが自然である。

　それが、選挙期間を通しても同じような状況であれば、ホームページに訪れる人の状態は変わらないのだから、その人たちに求められるコンテンツ配置で表示すれば問題ないかもしれない。しかし、選挙期間中には、支持政党的に中立な人も特定の政党のホームページを訪れる動機が高くなる。恐らく、支持政党の有無、という点において、実験期間中と選挙期間中では、それぞれの期間の訪問者全体の持つ状態が異なるだろう。

　そしてもう一つ、選挙期間に向けたウェブサイトのリニューアルということを考えたときに明らかに重大な見落としが、今回の対象者全員が持っていない背景についての見落としである。拍子抜けするほど当然だが、実験期間中には、「選挙期間なので政党のホームページを訪問した」という背景を持つ人はいない。そして、今回用意したコンテンツのうちの「選挙情報」は、そのような背景を持つ人にこそ必要とされる可能性の高いコンテンツだろう。これらを考えれば、この実験の対象者は、選挙期間中にホームページを訪問する人の状態を可能な限りよく網羅したもの、とはとても言えないし、この実験でコンテンツの配置を意思決定してホームページをリニューアルする、というのは論理的ではない。

　この例も少し極端に思われるかもしれないが、データが大量にあるときに、そのデータ内で状態が十分にばらついているために、かえってそのデータ全体の持つ状態の偏りを見落としてしまう、という現象には、データサイエンスの現場でしばしば遭遇する。読者の皆さんも、身の回りにあるデータサイエンスの産物による意思決定を考えるときには、それが与える意思決定の前提が、今の意思決定問題における前提としてふさわしいものかどうか、もう一度見直してみる方が良いだろう。

第3節
論理的な意思決定の意義とデータサイエンス

結果、確率と効用の定義

これまで、意思決定問題の定義という観点から、図1のデータサイエンスのプロセスで言うところの、「データ」の取得に関する問題と、「解析」の前提と意思決定の前提との関係性とについて論じてきた。プロセスでは次に、実際に解析を行って、「解析の結果」を得て、「出力に基づく意思決定」をすることになる。この段階で問題となるのは、各選択肢を採用した際に得られるだろう結果、その結果となる確率およびそれらから計算される効用だ。

これに関して、第2章では、降水が確実に予想される世界で傘を持つかどうかの意思決定をする、という思考実験をした。そして、そのような世界でも、少しでも雨に濡れるのが意思決定の失敗となるならば、外出の際は常に傘を持つべきという結論にならざるを得ない、ということを述べた。前章での意思決定理論についての議論を経た今、我々は、この「少しでも雨に濡れたら失敗」というような意思決定の成否についての評価基準が、「雨に濡れる」という結果から計算される効用によって決定され得るものであることを知っている。ここでは、それがもつ意味について、もう少し深く議論してみたい。

効用の定義の難しさ

前章では、この意思決定問題についてもう一つの側面を示した。選択肢は傘を持つ／持たないという二択だが、状態は時空間的にも雨の量的にも大きく広がりをもつはずで、その点で言えば、これも構造に関する無知の下での意思決定と言うこともできる、というものだ。

一方、この意思決定問題で我々は、「いつどこで雨が降るのか」ということに関してはかなり不確実な世界に生きているが、「自分が生きている間に一回でも雨に降られるか」ということに関しては、かなり確実な世界

第4章　データサイエンスを用いた論理的な意思決定

に生きていると考えられる。特に主に日本で生活するのであれば、後者の
想定は、ほぼ100%の確率で未来の現実と一致するだろう。つまり、この
問題は構造に関する無知下にはあるが、傘を持たないという選択肢の結果
とその確率について、「雨に濡れる」という結果となる確率が0ではないだ
ろう、ということには容易に同意できるはずだ。

　そして、意思決定者が、自分の生きている間、将来にわたり本当に一回
でも、少しでも雨に濡れることが、傘を持つかどうかという意思決定の失
敗であるという主観をもつ、つまり、効用u（雨に濡れる）＝−∞となる効用
関数をもつならば、その確率が0でない限りは、傘を持たないという選択
肢の期待効用は−∞である。そうであるならば、常に傘を持つ、というの
が唯一正しい意思決定だということになるので、構造に関する無知の下で
の意思決定であっても、意思決定は非常に容易なものとなるし、それは決
して非論理的なものではない。

　しかし、このような効用関数をもつ意思決定者は稀だろうし、よしんば
今、そのような評価指標を採用している人でも、将来にわたりその効用関
数が変わらないか、と問われれば、自信をもってそうだ、と言える人は少
ないのではないか。

　ましてや、ある意思決定の結果が、雨に濡れるかどうか、というような
個人に帰するものではなく、多くの人に影響を及ぼすことが予め明らかで
あるような場合には、そのように極端な効用関数によって意思決定を行う
ことに合意が得られることはより稀であろう。こうして、論理的な意思決
定において、結果と効用関数とをどのように定義すべきか、という問題が
重要になるのである。

ビジネスでの意思決定における効用関数の定義

　例えば、その意思決定が会社の経営に関することであれば、その成否を
評価するための結果や効用関数は、意思決定者が勝手に定義して良いもの
ではないだろう。むしろ意思決定者が定義してしまうと、会社への投資を
引き出しやすくするため、あるいはその人自身の人事評価を有利にするた

125

め、などの理由で、成功と判断されやすいものが採用されてしまうかもしれない。こういった場合には、そのようなことを防ぐ意味で、意思決定者以外を含む複数の人間がそれを定義するのが妥当だろう。

さて今、評価すべき意思決定が会社の経営に関するものであり、かつ本業に関することであったとする。そのような意思決定であれば、その成否を測るには、営業利益を結果とするのがふさわしいし、効用関数は危険中立的にその結果と比例するものと定義して良いように思える。

しかし、営業利益だとして、どのくらいの期間のものを考慮すれば良いだろうか。また、期間に幅を持たせた場合、その期間の営業利益の効用は、利益が確定するたびに単純にそれに比例するものと考えて良いだろうか。更に言えば、営業利益に影響する意思決定は、今回評価しようとしている意思決定だけだろうか。そのように考えると、その意思決定の結果や効用関数をどのように定義すべきか、というのは非常に悩ましくなってくる。

一旦ここでは、その意思決定が、他の意思決定が問題にならないほど大きなものであり、しかも短期的な営業利益に直結するようなものだったとして、それ故に効用関数もそれに比例するように定義されたとしよう。結果としてその年度の営業利益は昨年度比で大きく伸長した。さて、それをもってこの意思決定は成功だったと言えるだろうか。もし、その意思決定により、有能な社員が何人も辞めてしまっていたら？納品を急ぐあまり低品質な製品を提供してしまっていたら？

論理的な意思決定のもつ二つの意義

これだけ話を単純化しても、意思決定の成否に関する評価指標としての結果と効用関数とは、それほど簡単には定義できないのだ。実際の意思決定の現場で、その影響範囲をすべて網羅した、客観的に測定可能な評価指標を定義する、などというのは、ほとんど妄言に近い。我々は、「唯一正しい」意思決定を諦めざるを得ず、「なるべく良い」意思決定を模索することしかできない上、その意思決定が「良い」ものであったかどうかさえ、完璧な指標で評価することはできないのである。

第4章　データサイエンスを用いた論理的な意思決定

　そのような中で、論理的な意思決定にはどのような意義があるのだろうか。筆者は、重要な二つの意義がある、と考えている。ひとつは、意思決定の定義を明確にすること、あるいはその定義について議論することを容易にすることであり、もうひとつは、意思決定の評価を可能にすることである。それらは、いずれもギルボア・シュマイドラー（2005）の定義する「合理性」にも関連している。

　彼らは、合理性を、「ある行動、ないしある行動の連鎖が合理的なものであるとは、当該意思決定主体が意思決定の分析を迫られたとき、新たな情報が無い限りにおいて、後悔しないこという」と定義した。そして、その定義は、「行動のみならず、それにつながる意思決定過程にも適用できる」としている。この定義に照らせば、合理性を求めるのであれば、意思決定を分析しなければならない。そして論理的な意思決定は、その分析を容易かつ明確にするものである、というのが、先の二つの意義の言わんとするところである。

　もちろん、合理性の定義は他にも様々である。しかし、本書では意思決定を合理的にすることをデータサイエンスのプロセスで行われる意思決定の利点と考えるわけではないので、それについてこれ以上議論することはしない。重要な主張は、先の二つの意義そのものであり、その主張を支持するもののひとつとして、ある合理性の定義にも適っている、ということを述べるのみである。

意思決定の定義を明確にすることの重要性

　もう少し、二つの意義について議論しよう。まずひとつめの、意思決定の定義に関するものである。これまで、意思決定というのが、完全に普遍的、一般的かつ客観的なものとして行われることがいかに難しいか、ということを論じてきた。これはつまり、意思決定の正しさを、外部的かつ原理的に測ることが非常に難しい、ということを意味する。逆に言えば、意思決定の正しさは、内部的な定義が無ければほとんど議論することができない、ということだ。「語ることができないことについては、沈黙するしか

127

ない」とは、哲学者ヴィトゲンシュタインの有名なことばだが、意思決定について著者は、「定義されていないものについては、沈黙するしかない」と考えている。

そして、その意思決定の定義を、いくつかの側面から明確にしてくれるのが、経済学における意思決定理論である。前章でみた通り、期待効用理論であれば、意思決定問題は、選択肢、状態、結果、確率および効用関数という要素で定義できるし、事例ベース意思決定理論であれば、選択肢、事例、類似度および効用関数という要素で定義できる。

そのように要素が明確であれば、それぞれの要素が定義できているということが、意思決定全体の定義ができているということになる。そしてまた、これまでみてきたとおり、要素を分解できていれば、その定義の妥当性を、データサイエンスの枠組みの中で議論することもできるのである。この意味で、データサイエンスのプロセスで行われる論理的な意思決定は、特に複数人が関与する意思決定に大きな意義を持つだろう。

なぜなら、そのような意思決定では、意思決定に関する合意形成を求められることが多いだろうし、議論なくして合意形成は難しいだろうからだ。加えて、データというのは、複数人で議論するときに、言葉よりも定義を明確にしやすいものである、という性質をもつ。

意思決定の評価

もうひとつの、意思決定の評価を可能にする、という意義も、この定義と関連したものだ。先の会社の経営に関する意思決定で述べた通り、意思決定の是非を、それがもたらした結果で測ることは実は非常に難しい。よく、様々な場面で、特に責任の重い意思決定者の行動や判断について、「結果がすべて」というような発言を耳にするが、その時に焦点を当てられている「結果」というものが、その行動や判断の「結果『の』すべて」なのかは、内部的な定義によるものであり、その限りにおいて、どの結果によって評価されるべきなのかは、意思決定問題の定義によって決められるべきものだろう。

第4章　データサイエンスを用いた論理的な意思決定

　そしてまた、現実の意思決定問題は、不確実性下にあるものが多い。そしてそうであるということは、いくら論理的に期待効用や評価値Uの高いものを選択したとしても、実際にはそれを下回る結果しか得られない、ということもあり得るのだ。

　例えば、前章のくじの例で、危険中立的に振る舞って、確実に800円割引を受けるのではなく、10人に1人のくじを引き、期待値としての1,000円割引を受けることを選択したとしよう。それは論理的な意思決定だと言えるし、外部から原理的に間違いであることを指摘することはできないだろう。むしろ最も正しい選択にさえみえる。しかし、実際くじを引けば、当然10人に9人は外れるのである。それを、くじ引きを外した後の時点からみて、「結果がすべてだ」として、引く前の意思決定を間違いだとするのは、評価として正しいとは言えないだろう。

　つまり、不確実性下での意思決定を、事後的に結果や効用だけによって評価することはできないのである。それを評価するとすれば、やはりそもそもの定義に照らし合わせた上で、そのひとつひとつについて議論する必要があるのだ。すなわち、選択肢は網羅されていたのか、状態の網羅性は十分だったのか、結果の予測や確率の推定方法は適切だったのか、効用関数の設定について論理的に考えられていたか[22]、というようなものだ。これらが、事前の定義の内容とその実行との両面で評価されて初めて、その意思決定の評価たり得るのである。

　そうすることで初めて、データサイエンスが、意思決定後に得られた新たなデータによって結果の予測や確率の推定を改めたり、改良した実験を行ったりすることに利用できるだろう。そして、それによってようやく、意思決定が、データを利用して論理的に評価され、次の意思決定の改善に活用され得るものになるのだ。

---

[22] 事例ベース意思決定理論を採用した場合は、同様に、選択肢は網羅されていたのか、事例の数は十分だったのか、類似度関数や効用関数の設定について論理的に考えられていたか、が評価の対象となるだろう。

第4節
論理的な意思決定における結果・確率とデータサイエンス

小麦の施肥実験における結果の定義

　ひとまず、データサイエンスのプロセスで行われる論理的な意思決定について、その意義が検討できた。ここでは、それを踏まえて、先の小麦の例を用いて、意思決定が実際にどのように論理的に行われ得るか、ということについて考えてみたい。

　今、ある農業法人が、先に例示したようなランダム化比較試験を一部の畑で行い、その結果によって、来年の小麦作で施肥する肥料（従来肥料かAか）を意思決定することにしたとしよう。意思決定においては、期待効用理論に従って議論したいと考えている。そして、この意思決定において選択肢それぞれの効用を決める最大の要素（つまり結果）は、ひとまず年間の小麦の収量とした。

　法人であれば本来、せめて営業利益としたいところだが、後に詳細を述べる通り、売上げ面では小麦の価格、コスト面では機械の燃料費などについて、それぞれ自分たちの努力ではいかんとも制御しがたいので、今回はそう決めたのだ。また、期間については、実験を何年も繰り返すことはできないので、1回の実験で得られる結果、すなわち年間収量とすることにした（以下、収量はすべて年間収量とする）。

実験結果と「意思決定マトリクス」

　ここで実験の結果として、通常の施肥をした区画の平均収量は460kg/10a、Aを施肥した区画の平均収量は520kg/10aであったとする。次回の小麦作に当たって、Aを施肥した場合の収量はどうなるだろうか？

　実験時の平均とぴったり同じ520kg/10aになることがほとんどあり得ないというのは、前章の議論を経た今、すぐに理解できるだろう。当然ながらこの意思決定は、不確実性下にあるのだ。であるならば、どのような結果がどれくらいの確率で得られるのか、前章のくじ引きの例で期待効用を

第4章　データサイエンスを用いた論理的な意思決定

計算する基礎となった表2と同様のものを作って意思決定がしたい。

表2（再掲） 商品購入店舗の意思決定についての、
各選択肢で得られる結果の発生確率

		結果（得られる金銭）		
		0円	800円	10,000円
選択肢	A店で購入	0	1.0	0
	B店で購入	0.9	0	0.1

　しかし、このような表を今回の実験結果から作成するのは難しそうだ。なぜなら、小麦の収量は連続した値であり、割引やくじの当たりはずれで得られるような、数種類の値ではないからだ。ここからは、この表2のように、選択肢と結果、その結果となる確率から作成された表を「意思決定マトリクス」と呼ぶこととし、これを、実験の結果から作成することを試みる。まずは、実験の結果を集計するところから始めてみたい。

実験結果の度数分布

　ここでは、畑を100区画に分けて、ランダムに50区画ずつ、通常施肥とA施肥とに振り分けた実験をしたことを想定する。それぞれの施肥後は、すべての実験区画に対して同様の管理を行い、収穫時には区画ごとに小麦を刈り取り、それぞれの区画ごとの収量を測定した。

　実験の結果は、図22のように集計し、グラフ化した。横軸に畑10a当たりに換算した収量を、縦軸にその収量になった実験区画数をとった棒グラフになっている。因みに、このグラフのように、収集したデータを任意に定めた階級（今回であれば50kg/10a刻み）ごとに数えて、それをグラフ化したものを、「度数分布」と呼ぶ。度数分布は、データサイエンスの出力を理解して意思決定を行う上で役に立つことが多く、非常によく利用されるものである。

131

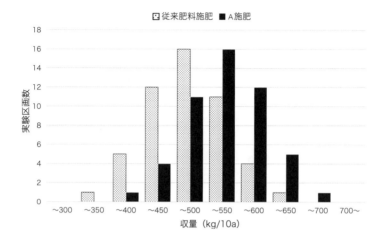

図22 実験における収量の測定結果のイメージ

　さて、一見して、Aを施肥した実験区画の方が、従来肥料を施肥した実験区画よりも収量が高くなっていることが分かる。一方で、Aを施肥した区画でも、通常施肥の区画全体の平均を下回る収量（400kg未満/10a）だったものもある。逆に、通常施肥の区画で、A施肥の区画全体の平均を上回る収量（550kg以上/10a）も5区画あった。しかもこれは、1回の実験の結果であり、事実ではあるが、今後も全く同じことが起こることを保証するものではない。意思決定は未来のことを考えて行うので、そのときに知りたいのは、過去どうであったか、ということではなく、今後、何がどれくらいの確率で起こるのか、ということだ。

確率分布と意思決定マトリクス

　その時に、統計学の知識は非常に大きな力を発揮する。実は、小麦の収量のような、生物の生育の結果に関する値について、観測される値とその事象の起こりやすさは、多くの場合、図23のように表せることが知られている。このように、結果とそれが得られる確率が表現されれば、前章で

議論したような形式で意思決定ができそうだ、というのがお分かりになるだろう。実際、横軸を意思決定マトリクス（表2）の「結果（得られる金額）」、縦軸を意思決定マトリクス中の確率として、ひとつの選択肢（行）のみをグラフ化したと考えて頂ければ、このグラフと意思決定マトリクスは完全に対応している。

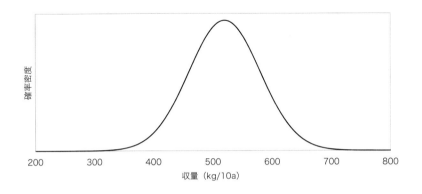

図23 小麦の収量の分布の例

　ここで、縦軸が確率ではなく、「確率密度」となっているのは、収量のように結果が連続的な値である場合に、ある「値」になる確率というのは考えられず、ある「値の範囲」になる確率をこの確率密度から計算することしかできないからだ。それは例えば、この実験であれば、ある区画の収量を測って、それが520kg/10aだったとしても、それは本当にぴったり520kg/10aではなく、（ここでは秤の精度に依存することが大きな原因となって）恐らくは519.5〜520.4kg/10aのように幅を持っているだろうことからも、容易に想像していただけるはずだ。ただ、ここでは実際にある値の範囲になる確率を計算するわけではなく、グラフの形を見てもらえれば良いので、確率と確率密度とを厳密に区別する必要はない。

　このグラフは、実験の結果を受けてAを施肥した場合の収量について、確率密度を描いたものだ。頂点は実験で観測された収量の平均値

(520kg/10a) にある。つまり、小麦の収量は、平均値付近になることが最も多く、それより大きい値や小さい値になることは少ないと考えられるわけだ。これは読者のみなさんの直感とも合っているだろう。

　因みに、このように、ある値を横軸にとり、縦軸にその値となる事象の起こりやすさをとったグラフを、「確率分布」と呼び、この例のように平均値を頂点として、左右対称にすそ野が広がるようなものを「正規分布」と呼ぶ。この正規分布は、当てはまる事象が非常に多く、データサイエンスでも非常によく利用される。また、実験で実際に得られた結果から、確率分布を描くという一連の過程も、データサイエンスで繰り返し行われるものだ。

確率分布と期待値、効用

　このような正規分布を想定することの利点はもう一つある。グラフの縦軸と横軸とは、それぞれ、値とその値になる確率である（厳密には確率は値の範囲でしか求められないが）。ということは、それらを掛け合わせて足していけば、期待値が計算できるということだ。そして、正規分布の場合の期待値は、その頂点の値になる。この特性は、このような実験の結果から意思決定する際には特に重要なものだ。

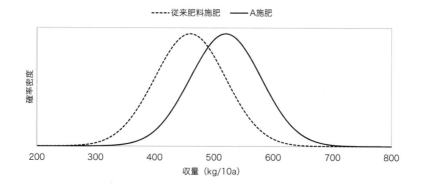

図24　従来肥料施肥、A施肥それぞれの収量の確率分布イメージ

話を元に戻そう。実験で従来肥料を施肥した場合の収量の平均は460kg/10aだった。そしてもちろん、従来施肥の場合の収量も正規分布に従うと考えられるので、図24のように確率分布が得られる。ただし、ここでは話を単純にするため、ばらつきは同じと仮定して、通常施肥の場合とAを施肥した場合との分布を重ねて表示しているが、実際には実験の結果によって、正規分布であっても、頂点の高さやすそ野の広さなどは異なるということには注意してほしい。

　図24が、意思決定マトリクスと完全に対応することがご理解いただけるだろうか。実線と点線とのそれぞれが行（選択肢）に対応し、横軸が結果、縦軸が確率にそれぞれ対応している。ここにおいて、危険中立的に効用を計算するのであれば、Aを施肥する、という意思決定が論理的に正しいらしいことはお分かりいただけるだろう。なぜなら、前章で述べた通り、危険中立的であるならば、期待効用は結果と直線的な比例関係にあり、そのために期待値と期待効用とが意思決定について同じ働きをするからである。

第5節
結果と確率とを推定するデータサイエンスの技術

推定の確からしさ

　これで、連続的な値においても、意思決定マトリクスに対応するものが得られ、意思決定の準備が整えられた。しかし、もちろんこの確率分布も、実験結果に基づいて推定されたものであり、もう一度実験を行ったときに推定される確率分布はまた違った形になるだろう。

　前章で扱ったサイコロやくじ引きのように、理論的に事前に結果と確率が定義されない以上は、その問題は常に付きまとう。しかし、統計学では、そのような問題に対処するための技術も多く用意されている。詳しくは専門書に譲るが、その概略だけでも理解していただくために、またサイコロの例でその技術のひとつを紹介しよう。

　ある小売店でのことである。サイコロを一つ用意して、1が出たら当たりとして景品をプレゼントする簡単なキャンペーンをすることにした。手元にあるサイコロは一般的なものと同じく正六面体ではあるが、たまたまオフィスにあった古いもので、出目に偏りが無いとは限らない。そこで、このサイコロの1が出る確率が1/6（約17％）であるかどうかを確かめるため、20回振ってみたところ、5回も1が出てしまった（1の出た割合は25％だった）。

　さて、このサイコロは、1の出る確率が高くなっているのだろうか。このように、ある確率である事象が起こることが期待されるものに対して、実験をしたときに計算された割合が、その期待された確率の中であり得るものかどうかを確かめる統計的な手法として、二項検定というものがある。これも詳細は専門書に譲るが、実際にそれで検定してみると、サイコロを20回振って1が5回出るというのは、それほど珍しいことではなく、この結果だけからは1/6の確率でないとは言えない、という結果になる。感覚的にも、20回投げたくらいでは偶然そういうこともあるかな、と思われるだろう。

第4章　データサイエンスを用いた論理的な意思決定

　それでは、ということで、今度は200回振ってみたところ、1が50回出た（割合は先ほどと同じ25%）。先と同じ割合とは言え、今度は感覚的に、さすがに偶然ではなさそうと思われるだろう。つまり、このサイコロは1が出やすくなっているのではないか、という疑いを持つはずだ。そして実際、二項検定の結果でも、もし本当にこのサイコロの1が出る確率が1/6であるなら、このようなことが起こる確率は1%未満であり、1/6ではないと結論するのが妥当、という結果になった。

意思決定と信頼区間

　今回の例で言えば、この時点で別のサイコロを用意した方が良いだろう。しかし実際に別のサイコロを用意したとして、そのサイコロも本当に1/6の確率で1が出るかどうかは分からない（できる限り出目が偏らないように作られた精密ダイスというものもあるが、今回はそういうものは使わないこととする）。

　それでは、ということで、また実際に何回か振ってみても、ぴたりと1/6になることは稀なのである。例えば、新しく買ってきたサイコロは、200回振って1が35回出たとしよう。割合は約18％であり、1/6に近い。二項検定でも、このサイコロの1の出る確率は、1/6でないとは言えない、という結果になる。しかし現実として、ぴたり1/6ではないのである。

　このサイコロでキャンペーンをして良いものだろうか。このようなときに、統計学はもう一つの判断材料を与えてくれる。それが、「信頼区間」というものだ。この信頼区間を説明するにはまず、「真値」というものを理解してもらわなければならない。

　前章で、○×どちらも0.5の確率で現れるコインを何度も投げれば、○の数と×の数とはほとんど同じになり、本当の確率である0.5に近づくことが数学的に証明されているとして、大数の法則を説明した。逆に言えば、確率が理論的に明らかではないものであっても、もしその「本当の確率」とでもいうようなものが存在するならば、無限回試行すれば、その試行の結果として得られた確率が、本当の確率であるはずだ。この、無限回試行

したときに得られる値というのを、統計学では真値と呼ぶのである。

そして、信頼区間とは、その真値が特定の確率で含まれるだろう値の範囲である。よく使われるのは95%信頼区間であり、それはつまり、95%の確率で、その範囲の中に真の値が含まれるだろうことを意味する。もっと具体的に例示するならば、200回振って1が35回出たサイコロの、1の出る確率の95%信頼区間は、約0.125～0.235である。これは、このサイコロを無限回振った時に、1が出た割合を集計すれば、恐らく12.5%～23.5%の間のいずれかの数値になるだろう、ということを表す。ただし、95%信頼区間は、5%の確率でこの範囲の中に真値が含まれないことがある、ということをも表す。しかしやはり、よほど運が悪くない限りは、この範囲の中に真値、この場合で言えば真の確率が含まれているはずなのだ。だとすればこのような値の範囲は、このサイコロでキャンペーンを行うかどうかの有力な手掛かりになるだろう。

平均値の信頼区間

もちろん、信頼区間は確率だけではなく、平均値についても計算できる。因みに、先ほどの施肥する肥料の選択のための実験で、図24のような確率分布が得られたとき、従来肥料施肥の平均値（すなわち期待値）の95%信頼区間は約443～477kg/10aであり、A施肥のそれは約503～537kg/10aであることが計算できる。これも、論理的な意思決定において参考にすべき値だろう。

ここで、データに基づく意思決定における、データの可視化についてもう一つ触れておくべきことがある。今回の肥料の実験のようにしてデータを取得した場合には、図22のような度数分布よりも、図25のような棒グラフで結果を表現することの方が多いだろう。

第4章　データサイエンスを用いた論理的な意思決定

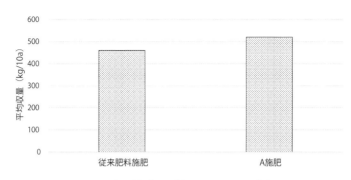

図25　従来肥料／A肥料それぞれでの平均収量

　そして、多くの人はこれを、単に実験で得られたデータの平均を見るものとして扱うはずだ。それはもちろん正しい。だが、これが意思決定に使われる前提であれば、この平均というのが、この実験の結果推定された期待値である、として見る方が妥当なのである。

　先ほど、確率分布で期待値は正規分布の頂点と等しい、と解説したが、その頂点は、確率分布を推定するのに使ったデータの平均値なのである。同じようにもう一つ、図26のように棒グラフの頂点に線（ヒゲ、あるいはエラーバーと呼ばれる）が描かれた図も見たことがある読者も多いかもしれない。

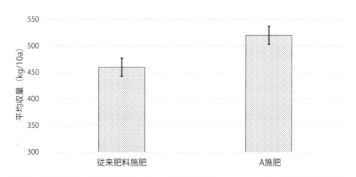

図26　従来肥料／A肥料それぞれでの平均収量（エラーバーは2SEを表す）

このエラーバーについては、この図のように、「エラーバーは○○を表す」というような但し書きがついている。これは、エラーバーに何を使うかが、グラフで伝えたいことによって異なるからである。多くの場合、エラーバーはSD（標準偏差）かSE（標準誤差）かのどちらかを示す。そして、SD（標準偏差）というのは、取得したデータのばらつき具合を示す数値であり、大きければ大きいほどばらついていることになる。一方のSEというのは、平均値（すなわち期待値）の推定範囲を示すことができる数値なのだ。

　図26では、エラーバーに「2SE」、すなわち、SE（標準誤差）の2倍が用いられているが、これには重要な意味がある。実は、先ほど紹介した95%信頼区間というのは、平均値－2SE ～平均値＋2SEの範囲とほぼ一致するのである。つまり、図26は、今回推定された期待値（棒グラフの頂点）と、今回の実験結果から考えられる、真の期待値が含まれるだろう範囲（エラーバー）を示しているのである。

期待値、信頼区間と意思決定

　実は、危険中立的に意思決定する場合には、この図26が得られれば十分である。なぜなら、危険中立的なときは、期待値と期待効用とは同じ役割を果たすからだ。

　しかし筆者は、これまでのデータサイエンスの現場での経験から、現実の意思決定において完全に危険中立的に振る舞えることがそれほど多くないと推察している。そして、危険中立的でないならば、やはりそれぞれの結果がどれくらいの確率で得られるのかが可視化された方が良いだろう。なぜなら、期待効用は、それぞれの結果の効用と、その結果が得られる確率で計算されるものであり、効用を計算する効用関数は、常に直線的とは限らないからだ。そのため、このような実験による意思決定においては、現実的には、図24と図26との双方を用いて行うのが妥当ではないかと考える。

　そのように意思決定を行うことには、経験的主観の予期せぬ働きを抑え

第4章　データサイエンスを用いた論理的な意思決定

る効果もある。図24のような確率分布は数値で表されるので、言葉で表現されたときのようにフレーミング効果を生むことが無い。フレーミング効果の発生原理として状況依存焦点モデルを採用するのであれば、値と確率とがすべて数値として一目瞭然の状態にされているので、双方に同じだけ焦点を当てることが容易になる、という点からも、それは支持されるだろう。

　また、図26のように平均値と信頼区間を表示するのは、アンカリング効果を考えたときに、実験結果に基づく、より良いアンカーを与えるものと捉えることもできる。また、確率はどのようなものに対しても0〜1で表されるので、分母無視という我々のもつ厄介な性質にも無関係である。それらを考えただけでも、ふたつの図を用いた方が、経験的主観の意図しない影響を抑えられ、より良い意思決定ができるということには合意いただけるだろう。

統計的仮説検定

　ともかく、図24は期待効用理論に従う意思決定において、意思決定マトリクスと同様の働きをするため、非常に便利である。ただ注意すべきは、それはあくまで今回の実験から推定されたものであって、確率分布の頂点である平均（期待値）の真値は、図26に示した2SEの幅の中にあると考えるのが妥当だ、という点だ。つまり、図24の確率分布は、実線も点線も、それぞれ左右に2SEの範囲内で動かしたところに真の分布があるかもしれない、ということになる。

　今回のように2SEの範囲が狭い場合や、期待値の差が非常に大きい場合には、そのように真の分布が分からないということも、意思決定にそれほど大きな影響を及ぼすものではないだろう。しかし、2SEの範囲が広い場合や、期待値の差が非常に小さい場合には、そのような状態で意思決定をすることが憚られるのではないだろうか。

　ここにおいて、統計学にはもう一つ、統計的仮説検定という非常に有用な技術がある。それは、真の分布が分からない状況でも、複数のデータの

141

集合について、このように期待値とその範囲が推定されている場合、それらの期待値の間に、差があると考えることが妥当なのか、差が無いと考えることが妥当なのかを判断する材料を与えてくれる。

　今回の肥料の実験でいえば、従来施肥とA施肥とのそれぞれの収量の真の平均（期待値）の差について、その有無の妥当性をt検定という手法で検討することができる。具体的な計算方法などは専門書に譲るが、この例では、t検定の結果、その差が無い確率は1%未満という結果になった。それであれば、差があると考えるのが妥当だろう。2SEの範囲が広くても、期待値の差が非常に小さくても、このような検討がなされれば、意思決定をすることがより容易になるだろう。

　統計学には他にも、意思決定を行うときに参考となる数値を計算する技術が多く存在する。そしてこれまで論じたように、意思決定理論を知ることは、統計の結果を理解する上で新たな視点を与える。しかし、統計学の専門書では、このように意思決定理論との関係性が論じられることはほとんどない。読者の中には、データサイエンスに興味を持って統計学の専門書に当たり、挫折したという方がおられるかもしれないが、そのような方には、ぜひもう一度、今示したような統計学と意思決定との関係を考えながらその専門書を読み直して頂ければ、と思う。恐らく以前よりも、統計学についてよりよく理解できるだろう。

第6節
論理的な意思決定における効用関数の定義

実験結果と効用

さてここで一旦、肥料についての意思決定について、これまでの流れをまとめよう。まず、可能な限り状態を網羅できるように、図19のような実験を設計し、図22のような実験結果を得た。次に、その実験結果から、図24のような確率分布を推定した。そして、真の平均（期待値）の95%信頼区間を計算し、図26のように可視化し、最後に、そのように期待値の推定に幅がある中でも、t検定によって期待値に差があると考えることが妥当である、という結論に達した。

ここまでくれば、図24の確率分布を意思決定マトリクスと同様に使って意思決定をしても良いだろう。後は、ここからどのようにして期待効用を計算するかだ。

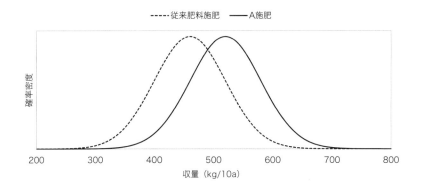

図24（再掲） 従来肥料施肥、A施肥それぞれの収量の確率分布イメージ

前章で説明した通り、効用というのは主観的なものである。そして、同章では説明のためにそれを数値として表現したが、そこでも注釈を入れた

通り、多くの場合、それを計算する関数を実際に数式として表すことは難しい[23]。そのため、図24の横軸を効用にしたグラフを作成することもまた、難しいのである。となればもちろん、図24から、従来肥料施肥とA肥料施肥というそれぞれの選択肢の期待効用を数学的に計算することはほとんどできないのだ。

効用関数の定義

では、この例のようなデータを得たとき、我々はどのように効用関数を定義すべきなのだろうか。筆者は、効用関数を数式的に表すことが難しいとしても、その関数に組み込まれる変数、つまり効用を変化させる要因について論理的に議論することは可能だと考えている。そして、そのようにして効用を変化させる要因を明確にすることを、効用関数の定義と呼びたい。

では、その要因はどのように考えられるのか。この例で最も分かりやすいのが、増収による利益の増加の程度、という要因だろう。つまり、まずは、肥料を変えることでどれだけコストが変化するのか、あるいは増収によってどれだけ売上げが変化するのか、というのが効用の計算に関わる要因であるはずだ。

言葉の上では、計算できそうに感じられるかもしれない。そして計算できるのだから、図24の横軸を利益にすべきだと思われるかもしれない。しかし、実際にはそれは簡単に計算できるものではない。

まず、肥料についてのコストで言えば、もちろん面積当たりで必要な量は計算できるし、量が分かれば購入費用も計算できるだろう（それでも為替の影響などの不確定要素はある）。しかし、例えば物性、すなわち、固体であれば粒の大きさや表面の粘着性、液体であれば粘性などが機械や作業に及ぼす影響を数値化するのは難しいだろう。そしてそうであれば、

---

(23) 現在の経済学では、効用は順序でのみ考えられるものであって、絶対的な大きさを測定できるものではない、つまり、実際に計算できるものではないとする考え（序数的効用理論）が一般的である。

それによるコストの変化を計算することはできないだろう。

　せめて施肥するのにかかる時間を実験で比べたとしても、そのコストへのインパクトは、人件費の変動や機械の燃料費の変動など、予測することが難しい要因によって変化してしまう。このようなコスト計算に関する意外な難しさというのは、肥料の例に限らず、現実のビジネスにおける意思決定の場面で多く直面するものである。

　また、売上げについては、この例のように農作物だった場合には、正確に見積もることなど不可能だろう。もちろん、国や地域ごとに、価格を安定させるための様々な施策があるし、事前に需要者と何らかの取り決めをすることも可能ではあろう。しかし、多くの場合は、需給バランスによる価格の変動があるし、その変動を予測するのはほとんど不可能なはずだ。

　対象とするのが農作物ではなく、工業的な製品であって、価格が固定されている場合には、生産効率の向上による生産量の増分から、売上げの増分を計算することはできるだろう。それでも、増加させた生産量が需要を上回っていれば、実際の売上げにはつながりにくいのである。そして需要を予測することは、農作物の価格の変動を予測するのと同様に困難であろう。

　そして、前にも述べた通り、利益を指標にするならば、その種類や期間についても検討する必要がある。この例では農業法人の小麦作を扱うので、種類は営業利益だろう。しかし、期間については議論の余地がある。長期的な利益を考えるのであれば、連作障害や土壌汚染、水質汚染についての検討もすべきだろうが、それを実験で確かめようとすれば、長い年月が必要になってしまう。

効用関数の定義の実際

　これらすべてについて、データサイエンスの技術を駆使して推定することも、不可能ではないかもしれない。しかし、肥料購入費用の変動、肥料を切り替えることによる作業コストの変化量、人件費や燃料費の変動など、関係する要因すべてにおいて、それぞれの推定は誤差をもつのであ

る。それらをすべて組み込んだ効用関数を作成することは、意思決定にど
れだけの意味を持つだろうか。言い方を変えれば、そのように計算された
値の意味を、意思決定者が理解した上で意思決定することなど可能だろう
か。それよりは、経験的主観に基づいて、面積当たりのコストや単位収量
当たりの売上げに、それぞれ仮の値を設定して計算した方が、よほど効率
的だろう。

　それでも、特に長期的な影響については、その仮の値をどのように設定
するかは非常に悩ましいだろう。そうであるならば、数値としては図24お
よび図26を、その解釈についてはt検定の結果をそれぞれ参考に、効用を
変化させる要因については、何があるかを明らかにするだけで、無理に仮
の値を設定することなく議論を尽くして意思決定をすれば良い、というの
も、決して非論理的なものではない。もちろん、それは極端な話であり、
その議論の中でも別の数値を参照した方が合意形成は容易になるだろう
が、それについてはまた次章で論じたい。

　筆者が論理的な意思決定の定義に関して述べた、「経験的主観をどのよ
うに働かせたか、つまり効用関数をどのように計算したか、ということに
自覚的であり、他者を納得させる程度には論理的に説明できること」、と
いうのはまさに今述べたようなことである。つまり、効用関数そのものは
数式として表せなくとも、効用を変化させる要因を明らかにして、それぞ
れの要因についてどのように判断したか、というのをきちんと説明できる
ことが、論理的な意思決定における効用関数の定義だ、ということであ
る。

第4章　データサイエンスを用いた論理的な意思決定

第7節
現実の意思決定と事例ベース意思決定理論

意思決定の前に点検すべきこと

　ここまで議論してようやく、期待効用理論に従い、かつデータに基づいた論理的な意思決定の、一連の流れをなぞることができた。もちろん実際には、選択肢が三つ以上であったり、連続的な値からひとつの値を決定するものであったり、様々な意思決定のバリエーションが存在する。それについては後にできる限り議論をすることにして、ここでは、もう一度この肥料の例について、根本的に考えるべきところ、注意すべき点について見なおしたい。それは、事例ベース意思決定理論に従った、データに基づく意思決定の進め方にもつながるものである。

　先に述べた通りの段階を経て、施肥についての意思決定をしようとしている場面に戻ろう。つまり、第5節が終わった状態であり、まだ効用関数の定義はしていない。今回、実験は熟慮の上で設計しているが、ひとつ盲点があることに気付かれるだろうか。第2節で述べた通り、状態を網羅した実験というのは非常に難しいのだ。しっかり設計したつもりでも、意思決定の前にはもう一度点検する方が良いだろう。

データ全体のもつ状態の偏りと事例ベース意思決定理論

　この実験における盲点のひとつ、それは気象条件についての網羅性である。畑の状態については、多数の区画をランダムに設定することによって網羅しようとしており、その網羅性は信頼に値するものではあるが、露地栽培である限りは、小麦の生育は気象の影響を受ける。

　そして、実際に露地で実験をしている限りは、様々な気象条件をランダムに試すことは不可能だ。例えば実験を行った年が、明らかに例年に比べて多雨ならば、土壌が乾燥した条件や、日光が豊富に当たる条件を持つ区画は例年に比べて著しく少ないだろう。その状況は、第2節で述べたDS党のサイトリニューアルに関する実験と似ている。

147

そうであるならば、そのように著しく例年と異なる気象で取得されたデータは無駄なのだろうか。自然科学的に厳密に考えるならば、かなり無駄に近い。しかし、社会科学的に考えるのであれば、事例ベース意思決定理論に従った論理的な意思決定には利用できるかもしれない。

　今回の例のような実験における各実験区画は、事例ベース意思決定理論で言えば、事例と捉えることができる。そして、意思決定したいのが、例年並みの気象条件下での施肥に関することであれば、例年並みの気象条件下での小麦の生育状況と各区画のそれとの類似度と、それらの区画の収量から計算される効用とを掛け合わせて評価値Uを定めれば良い。

事例ベース意思決定理論の視点でみた施肥実験

　この場合の類似度は、小麦の生育状況に影響を及ぼすと考えられる、土壌水分量や照度などで決めるのが良いだろう。すなわち、例年より著しく多雨であったなら、できる限り水はけも日当たりも良い区画の結果だけを意思決定に利用する、というようなことが考えられる。類似度としては、それらの区画が1、それ以外の区画を0として考えたことになる。もちろん、類似度を連続した値として設定して、例えば、ある程度水はけも日当たりも良い区画については類似度を0.8として、そのような区画の8割の結果を集計に用いる、というようなこともできるかもしれない。

　もちろん、このような経験的主観に基づく区画の選別は、自然科学の論文を書くときには許されるものではない。しかし、データサイエンスはあくまでも現実の意思決定に貢献することを目的とするものである。そうであるならば、このように区画を選別した上で統計処理をすることも、否定されるべきことではないだろうし、意思決定理論に照らして、経験的主観をどのように働かせたかについて自覚的であるならば、非論理的とは言えないのである。

　あるいは、普段から土壌水分量、養分量や照度をモニタリングしていて、かつ実験期間中の各区画のそれらも測定していたような場合には、あ

第4章　データサイエンスを用いた論理的な意思決定

る程度客観的に類似度を決定することも可能だろう。従来施肥の区画で例年と同じような土壌水分量と照度で、例年と同じような養分量になっている区画があれば、その付近で土壌水分量と照度が同様のA施肥の区画を選択して、それらの結果を集計して意思決定すれば良い。これについては、疫学のケースコントロール研究[24]と同様の考え方であり、より論理的に否定されにくい意思決定方法だろう。

現実の意思決定の難しさ

　そのようにして気象についての盲点を乗り越えたとして、他にももうひとつ、この実験には状態の網羅性に関する盲点がある。これは実験そのものの盲点というよりは、その実験の結果を利用した意思決定の盲点ということになるかもしれない。

　それは、意思決定後に実際に小麦作を行う畑の状態との関係性だ。これについては、それを考えなくても良いように、状態をできる限り網羅する実験を設計しているので、問題にしなくても良いはずであるし、問題にせずに行った意思決定も十分に論理的であろう。しかし、例えば小麦作をする畑がいくつもあり、そのうちのいくつかについては、明らかに全面水はけが悪いとか、日当たりが悪いとかいうことが分かっているのであれば、あえてそれを無視する必要はないだろう。

　このような場合には、状態が様々な畑と、一様に状態が偏っていることが明らかな畑とで、別々の意思決定をすることも考えられる。前者については、前節までのような期待効用理論に従った意思決定を行い、後者については、事例ベース意思決定理論に従って、異常気象への対応と同様、全面水はけの悪い畑については水はけの悪い区画の結果だけを利用して、日当たりが悪い畑については日当たりの悪い区画の結果だけを利用して、それぞれ意思決定する方が良いかもしれない。

（24）ケースコントロール研究についても、西内（2013）が参考になるだろう。

149

いずれにしても、状態の網羅性に関しては、意思決定の前にもう一度見直すべき点であり、必要に応じて対処すべき課題である。そして実はこの状態の網羅性以外にも、意思決定の前に見直すべき根本的な要素が存在する。それは、繰り返しの問題だ。

意思決定と繰り返しの回数

期待値にしても、期待効用にしても、前章で説明した通り、何度も試行したときに得られる平均がそれらに近づく、というものである。その意味では、それらの意思決定における支配力は、繰り返しの回数が少なければ少ないほど小さいはずである。それは、前章のくじ引きのような例で考えれば分かりやすいだろう。

意思決定者が危険中立的であり、かつ期待値と期待効用が等しい効用関数を持っていたとしよう。前章と同じく10,000円の商品を購入するとすれば、店舗を選択する意思決定において、A店の期待効用は800で、B店の期待効用は1,000となる。しかし、これも前に述べた通り、その商品を購入するのが1回だけであるのなら、B店で実際に得られる効用は、0である確率が0.9であり、10,000である確率は0.1なのである。このとき、期待効用は意思決定に対してそれほど支配的ではないだろう。

しかしこれが、商品を100回購入する、ということであれば、実際に得る効用の平均が期待効用である1,000以上である確率、すなわち、10回以上当たりが出る確率は約0.55（55%）である。また、A店で購入した場合に得られる効用である800以上である確率、すなわち8回以上当たりが出る確率は約0.79（79%）にもなる。このような場合には、期待効用は意思決定に対してかなり支配的になるのではないだろうか。

データサイエンスのプロセスと意思決定理論

同様に、肥料の例について考えても、A施肥をする小麦作を1、2回しかやらない、というのであれば、そもそもコストや売上げ、長期的な影響などが従来施肥より不確実なA施肥をする必要があるのか、という議論も

あってしかるべきである。そして、施肥で言えば、小麦作の畑の数や面積についても同様の議論がなされるべきであろう。

それらが大きいということはすなわち、小麦の生育がより多く繰り返されている、と考えられるので、期待した成果が得られやすいはずで、逆に小さければ、繰り返し回数は少なくなるので、期待した成果が得られない可能性が高くなる。また、それは効用を変化させる要因としても捉えられるだろう。そもそも肥料による生育の差があったとして、畑の面積が小さければその差の総量が小さくなるのだ。

このような場合にも、事例ベース意思決定理論は役立つかもしれない。例えば畑が小さいのであれば、その状態も広い畑よりは偏っているだろうから、先の状態の網羅性で論じたように類似度を用いて意思決定をしたほうが良い、という議論も成り立つだろう。試行回数が少ない中で不確定要素を検討する場合にも、過去にAと似たような肥料を何度か使ったことがあるのであれば、それらの事例とAとの類似度を考えて、経験的主観を基に推測することもできるだろう。

このように、データサイエンスのプロセスで行われる論理的な意思決定において、期待効用理論と事例ベース意思決定理論は、組み合わせて使うことで意思決定の価値を高められると考えられる。もちろん、ここでいう意思決定の価値とは、単に意思決定後に実際に得られた効用を表すのではなく、その定義の内容と実行の評価を含めての価値である。本章の最後では、この意思決定の価値の事後評価について論じてみたい。

第8節
論理的な意思決定後の行動と事後評価

意思決定の評価と効用、結果

　意思決定の価値を事後評価するにあたって、まず初めに注目されるのは、やはり効用だろう。しかし先に述べた通り、効用というのは、ほとんどの場合、実際に計算され得るものではない。それであれば、価値として最も分かりやすいのは、その効用の計算の基礎とした、結果として定義した値である。分かりやすく先の肥料の例で言えば、効用は小麦の収量を基に計算することにしたので、意思決定に従った施肥をした後の小麦の収量が、最初に注目されるべき事後評価の指標になるだろう。

　しかし、これも何度も論じた通り、構造の無知下における意思決定では、状態の網羅性については最善を尽くす、というだけだし、結果もその得られる確率も推定に過ぎず、真の値はある範囲の中にあると考えるのが妥当だ、ということしか言えない。そして真の値がどうであれ、得られる結果については確率的にばらつきを持つのである。つまり、期待した結果が得られないことも当然あるのだ。事後評価においてはまず、そのことを認識しておかなければならない。

結果と確率との推定についての評価と改善

　その上でそれを評価するのであれば、やはり漫然とすべての畑の収量の総計だけを測るのは得策ではないだろう。いくつかの区画に分けて収量を測定していれば、もう一度 図22のような度数分布とそれから推定される図23のような確率分布を作成することができ、それによって、意思決定時に参考にした確率分布とのずれを考察することができるからだ。

　新たに推定された確率分布からは、また新たに期待値を計算することができる。その期待値が意思決定時に参考にした確率分布から導かれた期待値の信頼区間の中にあるようであれば、まず問題ないだろう。

　ずれていたならば、前回の実験結果と今回得られた結果とを合わせて改

めて期待値と信頼区間とを計算しなおした方が良いかもしれない。あるいは、今回の気象条件の方がより例年と近いものであり、これからもそれと似た条件になることが多いと考えるのであれば、今回の結果のみで新たに計算された期待値と信頼区間によって改めて意思決定しても良いだろう。

　そしてそのような場合、やはり改めて二つの選択肢のもたらす結果の差について検討したくなるはずだ。なので、このような状況においては、例え意思決定として従来施肥かＡ施肥かのどちらかを選択したとしても、選択しなかったもう一方の施肥を、一部の畑で試験的に行っておく方が、意思決定の改善には有効である。実はそのように、意思決定において選択肢を同時に複数試せる場合、期待効用の最も大きい選択肢を多く試し、その他の選択肢について少数試行しておく、というのは、どのような意思決定においても、改善をしていく上で非常に有用だ。

　そしてもちろん、実際の意思決定で得られた結果が、想定していたものとずれていた場合には、もう一度、意思決定問題の各要素についての定義を見直すことも必要だろう。すなわち、選択肢は正しく定義されていたのか、状態は網羅できていたのか、類似度の計算は妥当だったか、というようなことである。

選択肢の定義の再検討

　後者ふたつについてはともかく、選択肢の定義の再検討というのには、違和感を覚えられるかもしれない。特にこの小麦作の例では、選択肢は明らかであるように見えるからだ。しかし、今回のような場合、恐らく実験は、実際の畑よりかなり小さな区画で行われており、また、区画をランダムに設定していることから、実際の小麦作のときとは異なる方法で施肥が行われただろう。

　すると、例えば「Ａを施肥する」という選択肢は実際には、「Ａを人力で施肥する」という選択肢になっていたかもしれないのだ。そしてそれが実際に機械で施肥する場合と、例えば施肥量の場所による偏りについて異なるのであれば、検討すべき選択肢として「Ａを通常量施肥する」「Ａを通

常より10%減で施肥する」などを用意するとか、状態として施肥量をいくつか異ならせるような設計をするとかの工夫をしなければならなかった、ということかもしれない。

状態と類似度とについての再検討

そして次の、状態についての再検討では、やはり気になるのは気象条件だろう。今回の小麦作における気象がどうだったのか、それは意思決定において想定したものとどれだけ異なったのか、そしてその異なった気象条件は稀なものなのか、今後も頻繁にあり得そうなものなのか、などは当然検討すべきことである。そしてもちろん、再検討の対象は気象だけではない。例えば広大な畑を管理するために起こる播種日や施肥日のばらつきなど、実際に小麦作を行ううちに気付く、他の課題もあるはずだ。

三つ目の類似度については、実際に小麦作を行った畑と、意思決定時に類似していると考えた実験区画との収量を比較してみることから、妥当性についての検討が始まるだろう。そしてそれに大きなずれがあった時には、類似度を決めたときの想定や、類似度の計算に用いた各種条件が実験時と実際の小麦作時とでどうだったのかを比較して考察することになるはずだ。

このようなことが考察されて、ようやく結果についての評価ができたことになる。そしてもちろん、意思決定の価値に重要なのは結果だけではない。効用そのものは直接数値化できなくても、効用関数の定義は妥当だったのか、ということは、価値の事後評価をするときに重要な検討項目である。

効用の定義の再検討

効用関数の定義で洗い出した要因それぞれについて、実際にどのようになって、それが結果として効用にどう作用したのか、というのがまず考察されるべきことだ。例えばAの施肥が選択されたとして、従来施肥との物性の違いは機械にどのように影響したのか、作業時間はどのように変化したのか、収量の増加によって小麦の取引の状況はどのように変化したの

か、などである。そしてもちろん、実際に小麦作をする中で、効用関数に影響するような新たな要因が発見されなかったか、についても検討されるべきであろう。

これで一通り、事後評価の要件が整うことになる。多くの読者は、面倒くさいと感じたかもしれない。しかし、繰り返しになるが、実際の意思決定の現場で我々は、「唯一正しい」意思決定をすることはできず、「なるべく良い」意思決定を模索することしかできない上、その意思決定が「良い」ものであったかどうかさえ、完璧な指標で評価することはできないのだ。そのような中で意思決定をより良いものにするためには、事後評価を軽視してはいけないのである。

そしてこれも繰り返しになるが、「結果がすべて」というのはその通りかもしれない。しかし何を意思決定の「結果『の』すべて」とするのか、といえば、それは意思決定理論の要素としては、結果ではなく、効用なのである。そして効用というのは、それほど単純に計算できるようなものではない。だからこそ、特に複数名が影響を受けるような意思決定においては、それをどのように導いたか、ということをきちんと定義することには慎重であるべきだし、どんなに議論を尽くして作り上げた定義であっても、完璧なものにはなり得ないことに対して謙虚になり、常に再検討を繰り返すべきなのである。

第**5**章
意思決定におけるデータ解析

小麦作における施肥の意思決定では、確率分布、期待値およびその信頼区間の推定や、期待値の差についての仮説検定というデータ解析を行った。しかし実際には、データサイエンスが価値を生み出すプロセスのうち、「解析」のステップは、数学、統計学やコンピューターサイエンスなどの先端的な知識や技術を組み合わせて応用していく、非常に複雑なものである。そしてそれを、直面している意思決定問題によく貢献できるように駆使するのが、データサイエンティストに求められることである。

　そしてデータサイエンスの専門書の多くは、そのような「解析」について詳細に解説しており、そこではやはり、数学、統計学やコンピューターサイエンスなどの先端的な知識や技術が紹介されている。そのために、それらを読むことに挫折してしまった読者も多いかもしれない。しかしそれも、解析手法の視点からではなく、意思決定の視点から見れば、十分シンプルに捉えることができる、というのが筆者の考えだ。具体的に本章では、「データに基づく意思決定」を行う際に必要となる「解析」が、主に「予測」と「分類」の二つであることを主張する。

　前章で、意思決定に必要なのは、過去の実験の結果として得られた値ではなく、その実験と同じことを繰り返した未来において得られる結果とそれが得られる確率である、という話をした。これは、期待効用理論にせよ、事例ベース意思決定理論にせよ、それらに従った意思決定を行う上で当然求められるものだ、ということは、これまでの議論でお分かりいただけただろう。しかし、実際のデータサイエンスによる意思決定の現場では、期待値という言葉を聞くことは決して多くない。

　なぜか。筆者はそれを、過去の事実を分かりやすく可視化すれば、

人は直感的かつ無意識のうちに期待値あるいは期待効用を計算できてしまうからだと考えている。データサイエンスの現場にいて、「解析」のステップを実行していると、そこで出てくる結果の多くが、「当然だよね」と思えることだということに気付く。筆者はそれを考えるたび、人間の偉大さを感じるのである。なぜならそれは、様々なデータを様々な手法で解析するという、すさまじい苦労をしてやっと得られる結果の多くを、人が直感的かつ無意識のうちに想定している、つまりは経験的主観として備えている、ということを示唆しているからだ。

　もちろん、そのような経験的主観は、諸刃の剣として、思い込みによる誤った想定を結論として導くことがある。それについては、第3章で述べたようなフレーミング効果やランダム系列の誤認知などをみれば明らかだ。そこで挙げた以外にも、災害時などに、自分に危険が迫っているにもかかわらず「まだ大丈夫」と思ってしまうというような「正常性バイアス」はそのよい例だろう。

　読者の皆さんも、思い込みによって判断していたものが、何らかの形で間違いであったことに気づき、目から鱗が落ちる、というような経験をしたことは多々あるはずだ。そしてだからこそ、データサイエンスによる意思決定のプロセスがこれだけ必要とされているのだろう。

　だからと言って今度は、経験的主観などあてにならない、すべてをデータで確かめるべきだ、というのも現実的ではない、ということもこれまで議論した通りである。より良い意思決定をするのに重要なのは、経験的主観であれ、データサイエンスであれ、その可能性と限界を正しく理解し、組み合わせて、論理的な意思決定を行うことなのだ。

　そこで本章ではまず、人が経験的主観のみで行っている「解析」に

ついて論じることによって、データ解析というのが決してそれほど非日常的なものではない、ということを理解していただく。そしてそのような経験的主観のみで行っている「解析」と、データサイエンスのプロセスにおける「解析」とを意思決定理論で結びつけることに挑戦する。そしてそれらをまとめて、データに基づく論理的な意思決定を行う際に必要となる解析が先の二つだ、ということを主張したい。

第1節
意思決定と直感、無意識

データ解析の結果と経験的主観

　前章の小麦の例では、図22のような実験結果を得て、図24のような確率分布を推定し、図26のように期待値とその信頼区間を整理することで、Aを施肥するかどうかについて、論理的な意思決定を行った。しかし、みなさんの多くは、図22だけで十分意思決定できるのに、なんで確率分布を推定するなんてややこしいことをするのだ、と思われたのではないだろうか。

　恐らくそれは、図22を見たときに、直感的かつ無意識のうちに、図24のような確率分布を想定し、期待値を得ることができているからではないだろうか。たとえ詳細に平均やばらつきを想定しなくても、正規分布の形とは多少異なったとしても、今後、小麦の育成を何度も繰り返したとき、平均値付近の収量となることが最も多く、それより小さかったり大きかったりすることが少ないであろうことは直感的に理解できたはずである。そしてそれはすなわち、直感的に期待値（あるいは期待効用）を得ている、ということである。

　筆者が先に述べた人間の偉大さを感じるのは、そのようなときである。正規分布の期待値が平均値と等しいことを数学的に証明できる人は稀だろう。しかし、我々は直感的にそれを想定できているのである。このようなことが可能なのは、我々が日常的に感覚的な期待値の計算を繰り返しているからではないか、と筆者は考えている。そしてそれがひいては、経験的主観を作り上げているものではないだろうか。例えば、第2章で論じたような、空模様を見て、傘を持つかどうかの意思決定をする場面をもう一度考えてみよう。

傘をもつかどうかの意思決定と意思決定理論

　出かけるときに、玄関先で空が厚い雲に覆われていることを確認すれば、傘を持つ、という意思決定をする人が多いだろう。では、それが一面

に広がる薄い雲だったらどうだろう。遠くに暗い雲のかたまりがあるのが見えたときは？今は雨が降っていないが、地面が雨に濡れていて、少し前に雨が降っていたことが分かった場合は？あるいは、空に雲は無いが、スマートフォンで確認した天気予報で外にいる時間帯の降水確率が50％だったら？

このような様々な場面で、我々はどのようにして意思決定をしているのか。意思決定にあたって認識した情報によって多少の違いはあるものの、基本的なプロセスは、厚い雲に覆われていた場合について示した、図9のようなプロセスであることに変わりは無いと考えられる。

図9（再掲）　　空模様をみて傘を持つ意思決定をした際の
　　　　　　　　価値を得るプロセス（詳細版）

このとき、雨が降ると想定されるからといって、傘を持つということが、唯一の正しい意思決定ではない、ということは、ここまでを読んでいただいた皆さまなら既に理解していただいているだろう。その時我々はやはり、何らかの経験的主観に基づいて期待効用や評価値Uを得て、意思決定をしているはずである。ではその時の効用関数はどのように設定されているのであろうか。自身が傘を持つかどうかを意思決定している場面を思い出して、改めて考えてみていただきたい。

無意識に行われる効用の計算

　多くの人は効用に最も大きい影響を及ぼす要因として、「不快感」を考慮しているのではないだろうか。もう少し正確を期すならば、傘を持って行かなかったときに雨に降られた場合の不快感に基づく効用と、晴れているのに傘を持つことによるそれとを、無意識のうちに比較して意思決定をしている人が多いのではないか、ということだ。

　そして期待効用理論的に意思決定をする人であれば、それらの期待効用を直感的に得ているはずである。つまり、玄関先で空模様を見て、雨の降る確率が30％くらいだ、と直感的に想定したら、u（傘を持たずに雨に降られたときの不快感）×0.3という計算で得られる期待効用と、u（晴れているのに傘を持つことによる不快感）×0.7とを比べて意思決定をしていることになる[25]。

　そうして、傘を持たずに雨に降られたときの不快感が大きい人は、雨の降る確率が小さくても傘を持つし、その不快感が小さい人は、雨の降る確率が大きくても傘を持たないことになる。もちろん実際には、そもそも意思決定することを失念していて、雨に降られて後悔することも多々あるわけだが。

　どうだろう。自分の意思決定はそのようにして行っていない、という人でも、そのような人が多く存在するのではないか、という意見には納得していただけるように思う。傘を持つかどうか、ということ以外にも、例えば、我々は買い物をするときなどにも、同じように経験的主観だけによって、それから得られる期待効用を計算し、期待効用理論的に意思決定をしている場面が少なからずあるのではなかろうか。

　そうであるならば、我々はデータを解析することには不慣れかもしれないが、情報を解析することには随分慣れていると考えられるのである。そ

---

(25) ここでは、傘を持たずに晴れていたとき、および傘を持っていて雨に降られたときの効用はともに0として考える。

164

して実は、それは情報がデータ化されている状況が少ないから、というだけで、ひとたびデータが与えられれば、それなりに解釈して意思決定ができているのではないか、というのが筆者の考えである。

第2節
人が直感的かつ無意識のうちに行っている「予測」

とんかつ屋の定休日についての意思決定問題

　話をもう少し、データサイエンスに近いところに戻そう。データサイエンスの現場では、期待値という言葉を聞くことがそれほど多くなく、それはデータをうまく可視化すれば、直感的かつ無意識のうちに期待値あるいは期待効用が得られるからだ、という話をした。少し具体的な例で考えてみよう。

　皆さんには、ある地方都市を拠点とする小規模なとんかつチェーンの経営者になっていただきたい。これまで、年末年始以外は無休で営業してきたが、折からのアルバイトの採用難と、働き方改革トレンドを考慮して、新たに週一日の定休日を設けることとした。そこで、現在5店舗を経営しているが、まずは郊外ロードサイドの店舗Aで、特定の曜日を定休日として営業し、その影響をみてみることとした。なお、店舗Aでは、定休日が週一日、ある曜日に定められれば、どの曜日であっても、人員のシフトや食材のやりくりなど、他のことはすべて上手くいくものとする。

　定休日の設定にあたっては、年間売上げの減少幅を結果として定義し、それを小さくするように意思決定することにした。ここでは、話を単純にするため、効用は完全に結果と比例するものとする。

意思決定のためのデータ分析

　そこでまず、店舗Aにおける曜日別の売上げについて、分析可能なデータとして蓄積していた過去3年間の平均を見ることにして、図27のような結果を得た。もちろん、同じ曜日でもばらつきがあるので、SD（標準偏差）をエラーバーとして加えている。このSDというのは、平均値±SDの間に7割程度のデータが含まれるような値、と考えてもらえれば差し支えない。つまり、このグラフは、取得されたデータの性質、すなわち過去の状況を記述しただけのもの、ということである。

第5章 意思決定におけるデータ解析

　前章の議論を経た今であれば、意思決定を意識した場合には、2SE（標準誤差の2倍）をエラーバーにした方が良いと思われるだろう。しかし、実際の現場では、期待値やその信頼範囲よりも、過去の状況を正確に記述することに重きがおかれ、このような表現をすることも多いのだ。

　皆さんには、このグラフから、どの曜日を定休日とするか意思決定をして欲しい。このグラフだけでは決定できない、と思った方も、ひとまずこのグラフから選ぶとすれば、という仮定の下に、ひとつの曜日に決めてほしい。どの曜日にすれば、年間売上げの減少幅が小さくなるだろうか。

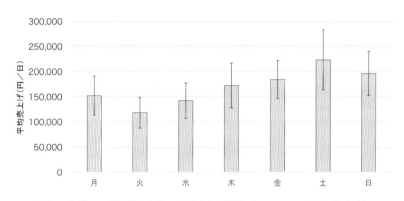

図27 店舗Aの曜日別3年間の日別売上げ平均（エラーバーはSDを表す）

　恐らく、ほとんどの方は火曜日を選択しただろう。私は大学の授業などで、これと同じようなグラフを見せて、同じように定休日とする曜日を選んでもらうことがある。そこに、前章までのような議論を理解している学生はほとんどいない。それにも関わらず、これまで3年間で200名を超える人にアンケートしているが、ほぼ100％火曜日が選ばれている。

売上げの平均値から意思決定が行われる仕組み

　では次に、なぜ火曜日を選択したのか、その理由を考えてみて欲しい。この3年間の曜日別平均売上げのグラフから、定休日を定めたときの売上

げの減少幅が小さくなるようにする意思決定として、火曜日が選ばれるの
は何故だろうか。これも学生にアンケートをしたときに毎回聞いているが、
やはり異口同音にこう言うのである。

> 売上げの平均が最も小さいのが火曜日だから

　しかし、これは本当に意思決定の理由なのだろうか？　繰り返しになる
が、意思決定において我々が考えるのは未来のことである。それに対し
て、このグラフは、過去3年間の実績を表しているに過ぎない。つまり、
ここに示された実績としての平均値には意味が無いはずである。ならば、
我々が火曜日を選択した理由は、本当はこうなるはずである。

> 売上げの平均が最も小さかったのが火曜日で、今後も同じ傾向になると
> 予測したから

　そう、意思決定が未来についてのことならば、予測なしには成り立たな
いのだ。そしてそうであれば、それが意識されているかどうかに関わらず、
我々はこういう問題について意思決定するとき、単に過去の実績を見てい
るのではなく、必ずそれに基づいて未来のことを予測しているのである。
そして、前章で行った確率分布、期待値や信頼区間の推定も、意思決定に
おいては、真値を知るためというより、未来を予測するために行ったとい
う方がより正確だろう。

第5章　意思決定におけるデータ解析

分析結果の背景を知りたいという欲求の源泉

　そして、ここまでの議論を経た読者の皆さんでさえ、平均値が期待値になる、ということは分かっても、SDから2SEを計算して、期待値の信頼区間を推定した、という人は少ないはずだ。しかし直感的に、それがそれほど大きくはないであろうことを感じ取ったはずである。つまり我々は、その精度はともかくとして、過去の実績データがよく可視化されさえすれば、経験的主観のみによって、期待値やその信頼区間について推定することができる、すなわち未来についての予測ができているのである。

　次に、この定休日の例について、このグラフから意思決定することができない、と考えられた読者がいたとして、その理由は何なのか、を議論してみたい。今述べた通り、定休日とする曜日をこのグラフだけから意思決定しろ、と言われれば、火曜日以外を選ぶことはほとんど無いはずだ。そしてそれは、過去3年で日別売上げの平均が最も小さかったのが火曜日であり、今後もその傾向が続くだろう、と予測したからだ。そしてそうであるならば、このグラフから意思決定することができない、と考える理由は、こうなるだろう。

> 過去3年の曜日別売上げの平均だけでは、今後の曜日別売上げは予測できない

　これも意識されたかどうかは別として、やろうとしていることが未来についての意思決定であり、それができないと感じたからには、予測ができない、と考えているはずである。そして筆者は、実はこの無意識が、理由を知りたい、という欲求を我々に起こさせるものだと考えている。恐らく、予測ということを意識しておらず、かつこのグラフから定休日とする曜日を意思決定できない、と考える人は、まず初めにこう思ったはずだ。

169

> 過去の平均は火曜日が最も小さいが、その理由が分からないと意思決定
> できない

　このように考える人がどのような理由を想定するかは分からないが、例えば近くにある会社の社員がこの店舗を良く利用してくれていて、その会社の休みが火曜日だから、火曜日の売上げが小さくなる、というような理由はあり得そうである。さて、なぜこのような理由が分かることが、この意思決定において重要なのだろうか。それは間違いなく、そのような理由があれば、直感的かつ無意識のうちに行われる、今後も火曜日の売上げが小さい傾向が続くだろう、という予測に重大な疑義がもたれるからだ。

背景を知りたいという欲求と意思決定理論

　ここまでの議論を経た読者のみなさまはお気づきのことと思うが、これは、期待効用理論で言うところの状態の網羅性に関することである。あるいは事例ベース意思決定理論的に考えるのであれば、類似度の計算に関わることである。我々は直感的かつ無意識のうちに、それらをも求めているのだ。

　ともかく、実際そのようなことがあり、かつその会社が近いうちに引っ越すことになっているとしたらどうだろう。それでも火曜日を定休日とする意思決定に変わりはないだろうか。ほとんどの人は、その会社の社員による売上げへの影響を調べてから改めて意思決定したい、と考えるだろう。そしてもちろん、その先にあるのは、その影響を加味した上での、曜日別売上げの予測である。

　これが、このような意思決定にあたって理由を知りたい、と考えるにいたる仕組みだろう。つまり、理由を知りたいのは、予測をより確かなものにしたいから、であるはずなのだ。想定される理由はともかく、このグラフだけでは意思決定ができない、と考える人は、意識的であれ無意識的であれ、同様のことを考えたに違いない。そして実際に、こういった問題に

第5章　意思決定におけるデータ解析

ついてデータサイエンスを使って意思決定するプロセスでは、可能な範囲内で、なぜ火曜日の売上げが小さいか、という原因を追究するためのデータ解析をして、その結果に基づいて意思決定をすることになる。

　データサイエンスでは、このような場合、様々な要因が曜日別の売上げに及ぼす影響の大きさを数値化し、それらの要因によって曜日別売上げを予測する数式を作る、というのがセオリーとなっている。そのような数式ができれば、それらの要因がどのように変化したときに、どの曜日でどの程度の売上げになるかがシミュレートできるからだ。

　しかし、実際のデータサイエンスの現場では、そのような数式を作ることまではせず、様々な要因と売上げとの関係をグラフ化して、意思決定者がそれらを見て曜日を決める、ということがほとんどである。データサイエンティストは、あるいは世間一般にも、前者を「予測」、後者を「集計」と呼んだりするが、筆者からすると後者も予測である。なぜなら後者においても、数式による数値としての予測はしていないが、経験的主観による予測は行われているはずだからだ。

171

第3節
人が直感的かつ無意識のうちに行っている「分類」

曜日別売上げの背景

　意思決定するときに、うまく可視化されたデータを見れば、人は直感的かつ無意識のうちに「予測」をしていることが多い、ということには同意していただけたのではないだろうか。ここでは、もう一つ意思決定において我々が直感的かつ無意識のうちに行う解析として、「分類」というものがある、ということを話したい。

　先ほどの例の続きを考えよう。曜日別売上げのグラフから、火曜日の売上げが他の曜日に比べて小さいことを知ったあなたは、店舗Aの店長にその理由について思い当たるところを尋ねてみた。

　すると実際に、店舗Aの近くにある「DSイベントサービス」という、イベントの企画運営をする会社が火曜日を定休としており、火曜日はランチの客数が少なくなるのだと言う。その会社は、3年以上前から現在と同じ規模、おなじ定休日で営業しているのだが、その会社は近々離れた場所に転居するらしいということを、店長が常連の社員から聞いていた。因みに、このロードサイド店の徒歩圏内にある、ある程度の従業員数の会社は、DSイベントサービスのみである。

会員の分類への挑戦

　さて、こうなると、先ほどのグラフから、火曜日は今後も他の曜日に比べて売上げが小さいだろう、とした予測が成り立たなさそうである。期待効用理論で考えるなら、重要な状態が想定されていない、という事態だし、事例ベース意思決定理論で考えるなら、現在の意思決定問題と、過去実績との類似度が低い、という事態である。そこであなたは、事例ベース意思決定理論的に考えて、過去の実績から、同社社員の売上げを減じたグラフを作ることで、類似度の高い仮想事例をつくることを考えた。しかし、このとんかつチェーンでは、会員登録時に勤め先を記録している訳ではな

いので、現時点で保有する売上げのデータでは、直接的にそれを分けることはできない。

　ただ、ポイントカードの会員番号と売上げデータは同時に記録されている。そのため、会員番号別の売上げの集計はできるのだ。また、店長が言うには、同社社員は常連なので、来店する社員のほとんどがポイントカードを持っている、とのことだった。更に、それらの社員は、ほとんどの場合、複数人で来店して、個別会計でそれぞれのポイントカードを使っているらしかった。しかも、そのような方法で会計をするのは、この店ではほとんど同社社員だけらしいのだ。これはヒントになりそうである。

売上げの分類のためのデータ分析

　売上げデータには、来店時の人数も記録されている。そして、複数名で来店して、個別会計でそれぞれにポイントカードを提示してもらったときには、同じ来店人数の複数のデータとして記録するようにしている。分かりにくいと思うので、実際のデータのイメージを見てみよう。例えば、会員番号1010、2201および5002という3人が一緒に来店して食事をした後、それぞれ個別に会計してポイントカードを提示してもらった場合と、会員番号6341の人が家族3人で来て、まとめて会計してポイントカードを提示してもらった場合とでは、表4のようなデータ上の違いが表れる。

表4　複数名で来店したときの個別会計とまとめ会計とのデータの違い

日時	会員番号	来店人数	注文メニュー	個数	売上
2018/12/10 12：32	1010	3	ロースかつ定食	1	780
2018/12/10 12：32	2201	3	ヒレカツ定食	1	780
2018/12/10 12：32	5002	3	ミックスかつ定食	1	980
2018/12/10 12：35	6341	3	ロースかつ定食	2	1,560
2018/12/10 12：35	6341	3	えびかつ定食	1	880

　つまり、会員番号1010、2201および5002のように、複数人で来店して個別会計をする顧客は、まとめて会計をする6341のような顧客に比

べ、来店人数は同じでも、注文単価は低くなるようにデータが記録されているのである。あなたは、この性質を利用することを考え、ランチタイムの常連客（ここでは、別の分析から月3回以上ランチ利用する顧客と定義した）の、顧客別の平均来店人数と平均注文単価とのグラフを作ることにして、図28を得た。

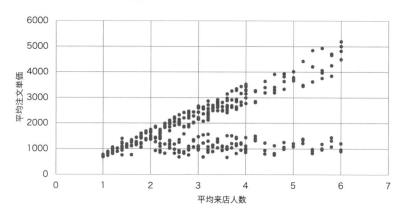

図28　会員番号別平均来店人数と平均注文単価

直感的かつ無意識のうちに行われる会員の分類

　この図において、それぞれの点は、一人の会員と対応している。さて、読者の皆さんは、この図から、DSイベントサービスの社員と判断するのが妥当だと考えられる会員を見つけることができるだろうか。彼らは、同じ来店人数でも注文単価が低くなる傾向にあるはずだった。そしてこの図では、少なくとも、平均来店人数3付近から、平均来店人数と平均注文単価について、二つの異なる性質をもつ会員が存在しそうだ、ということは読み取れるはずである。

　それこそが、我々が直感的かつ無意識のうちに行っている「分類」に他ならない。そして、分類ということを意識して改めて図28を眺めれば、恐らく多くの読者は、図29の塗りつぶされた点と白抜きの点とのように、会員を二つに分類できそうだ、と感じられるのではないだろうか。

第5章　意思決定におけるデータ解析

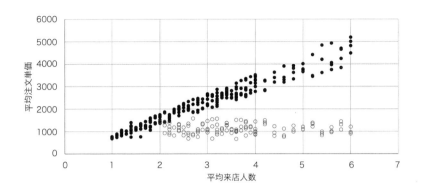

図29　会員番号別平均来店人数と平均注文単価（直感で色分け）

　平均来店人数3人くらいまでは怪しいかもしれないが、それ以上の範囲では、ほとんどの人が直感的に同様の色分けをしただろう。データサイエンスでは、データの分類にはクラスタリングという分野の手法が用いられることが多いのだが、このようなグラフで、平均来店人数2〜3人くらいの範囲を分類することは、それほど容易ではない。

　もちろん、この例は答え合わせのできるものではないが、現在AI関連技術として注目されている深層学習が発達するまで、特に低次元のもの（画像や物体など）の分類においては、計算機を用いたデータ解析による分類よりも、人間の経験的主観による方が、圧倒的に正答率が高い、というのが普通だった。それほど、我々の直感的かつ無意識的な解析能力は高いのである[26]。

　ここでは、直感的かつ無意識のうちに行われる分類の存在を認識していただければよいので、この例についてこの後のことは割愛したい。と

---

[26] そもそも分類の正解自体、人間が経験的主観を織り交ぜて定義しているから、という理由もあるかもしれない、ということに留意すべきではある。

は言え、それでは気になってしまう、という方がおられるかもしれないので、このような分類によってDSイベントサービスであろう会員を除いたデータで改めて曜日別売上げを集計し、それに基づいた、DSイベントサービス社員がこの店舗を利用しなくなった場合の曜日別売上げの予測によって、定休日は水曜日とすることに決めることになる、ということのみ先に述べておく。

第5章　意思決定におけるデータ解析

第4節
期待効用理論と予測

期待効用理論と予測

　ここまでで、データサイエンスのプロセスにおける解析の主なものである予測と分類について、それらが我々にとってそれほど非日常的ではない、ということを感じていただけたのではなかろうか。次に、これまで述べた経験的主観に基づく解析を、意思決定理論に結び付けながら一般化していく。そしてその中で、データサイエンスのプロセスで行われる解析をよりよく理解していただけるようにしたい。

　まず本節で扱うのは、期待効用理論と予測との関係である。期待効用理論では、表2のような意思決定マトリックスを作ることが論理的な意思決定につながった。同時にその意思決定マトリックスは、その背景として、表1のように状態と結果が網羅されていることを求められるものだった。

　前章の小麦作の肥料についての意思決定では、実験によって、状態の網羅性を担保して意思決定マトリックスを作成した。では、本章のとんかつチェーンの定休日の例で、より論理的な意思決定を行うためにマトリクスを作成するならば、どのようにできるだろうか。

定休日の意思決定問題の定義

　選択肢は、月曜日〜日曜日のいずれかを定休日にする、という7つである。状態については、この場合、実験で網羅する、ということは難しそうである。例えば、毎週ランダムに休みの曜日を異ならせる、というような実験は顧客に混乱をもたらすだろう。同様に月ごとというのも難しいだろうし、年単位ならば定休日を異ならせても顧客にもたらす混乱は小さいだろうが、実験のために気の遠くなるような時間が必要になる。

　となればやはり、過去の実績からマトリクスを作るのが良いだろう。そしてそれをどのように作成するか、というのはやはり経験的主観によってしか決定し得ないものだ。とは言え、それを先ほどの図27のような曜日別平

177

均売上げのグラフから決定しよう、という基本的な枠組みには、多くの人が容易に合意できるだろうから、ここでもそれを基本として考えてみたい。

さて、そうなればこれは、期待効用理論で意思決定できそうである。なぜなら、曜日別に何らかの期待値を得て、効用関数を設定できそうだからだ。そしてそうであるならば、定義されるべき意思決定の要素は、選択肢、状態、結果、結果の得られる確率および効用関数である。

選択肢については既に網羅されている。状態についてはどうだろうか。実験はできないが、現在、分析可能なデータに記録されている3年分の売上げというのは、かなり様々な状態で実際に得られた結果であり、状態の網羅性についてある程度信頼に値するものだろう。後には、DSイベントサービスの社員の存在の有無という重要な状態の見落としが発覚するが、ここではまだそれを知らない状況として考えることとする。

結果と確率の推定

では、結果とその得られる確率についてはどのように考えられるだろうか。議論を深める前に、ひとまず図27について、前章でやったような可視化をしてみよう。過去の実績から、その曜日の売上げの確率分布を推定し、期待値と95%信頼区間との棒グラフをつくるのである。結果は図30および図31のようになった。

第5章　意思決定におけるデータ解析

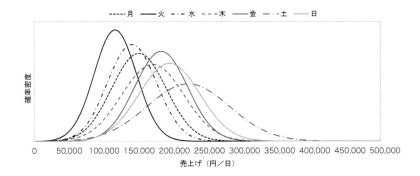

図30　曜日別売上げの確率分布

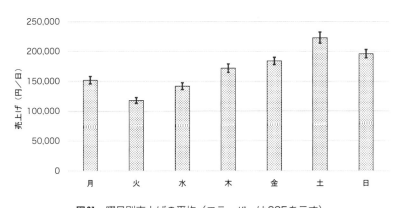

図31　曜日別売上げの平均（エラーバーは2SEを示す）

　確率密度については、7本あるのでカラーでないと見にくいかと思うが、ここでは、ある程度形が理解できれば良いので、了承していただきたい。ともかく、これで曜日別の売上げの確率密度と期待値、期待値の95%信頼区間が揃った。本来であればここで統計的仮説検定をして、それぞれの真の平均に差があるかどうかを確かめるところだが、具体的な方法は統計の専門書に譲ろう。結果としては、火曜日とその他の曜日では、差があると

考えるのが妥当、ということになる。そこで、手順通り、次は効用関数の定義に進みたいのだが、その前にひとつ確認しなければならないことがある。

意思決定において参照したい結果

　これらの図は、曜日別の売上げに関するものである。しかし今回の意思決定において、曜日別売上げとは、何を意味するものであろうか。もう一度、選択肢とそれを採用したときに得られる結果、という観点から見直していただきたい。

　すぐにお気づきになると思うが、例えば図31について、火曜日の売上げというのは、火曜日を定休日にする、という選択肢を採用したときに得られる売上げではない。この意思決定において、図30および31が表すのは、それぞれの曜日を定休日にしたときに失われる売上げに関するものなのだ。つまり、これらの図から意思決定をするということは、失われる売上げを予測して意思決定をするということなのである。あくまで、「得る」という表現に当てはめるならば、それぞれの曜日を定休日とした時に得られる、マイナスの売上げの予測がしたいのである。

　これは言われてみれば当然のことであり、それを暗黙の了解として意思決定について議論しても、それほど問題はないかもしれない。しかし前章で議論した通り、論理的な意思決定において、定義は可能な限り厳密にすべきものである。また、こういったデータの可視化というのは、先に述べた通り、それを見た時点で人に何らかの経験的主観を働かせるものである。そして経験的主観というのは、表現の仕方に影響を受けるものだというのは、前章で議論したところだ。それらを踏まえるなら、図32および図33のようにしてから議論する方が良いだろう。

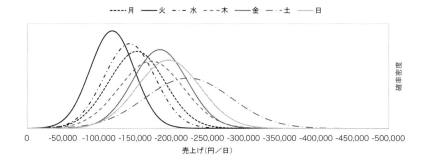

図32 失われる売上げの曜日別確率密度

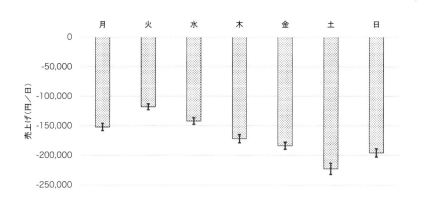

図33 失われる売上げの曜日別期待値（エラーバーは2SEを表す）

　因みに、このようにして意思決定をするということは、期待効用理論だけでなく、事例ベース意思決定理論も組み合わせた意思決定をしている、ということになる。どういうことかと言うと、現在の意思決定問題と全く同じ選択肢を過去に試したことが無い（年中無休だった）ので、類似する仮想事例を作った（定休日にしたら失うであろう売上げを推定した）ということなのである。ただ、ここで事例ベース意思決定理論まで同時に議論すると複雑になりすぎて理解を妨げる恐れがあるので、それについてはま

た後に論じることにしたい。

データに基づく定休日の意思決定

　ともかくこれで、意思決定マトリクスに相当する確率分布（図32）と、その確率分布についての重要な情報である、期待値の信頼区間（図33）が明確になった。これらの推定値は今や、失われる売上げの予測値である。そしてそれは、先に述べた、人が図27を見たときに経験的主観によって行う予測値と対応しているはずである。

　次は、効用関数の定義だ。効用としては、この例でも小麦の施肥の例と同じく、営業利益を考えたいだろう。そうなればやはり、コスト面の変化要因や売上げの長期的な変化要因について議論しなければならない。そして今回の事例であれば、その他にも、顧客満足度や顧客のロイヤリティの変化というのも考慮すべきはずだ。

　前章ではそれらについて、単に経験的主観に基づいた仮の値を設定する程度で良いだろう、という話をした。本章のここまでの議論を経たみなさんは、その仮の値の設定が、データの可視化による主観的予測や分類に基づくことになるのが分かるはずだ。例えば、顧客ロイヤリティについて、何らかの定義で「優良顧客」というものを決めていたなら、図34のようにその曜日別の割合を可視化することには意味があるだろう。

第5章　意思決定におけるデータ解析

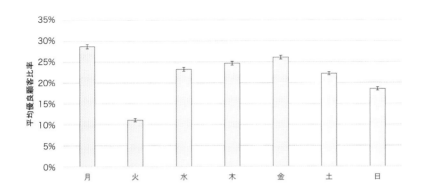

図34　曜日別平均優良顧客比率（エラーバーは2SEを表す）

　これを見ると、火曜日の優良顧客比率は他の曜日よりも極端に小さい。この時点ではDSイベントサービス社の影響には気づいていない設定だが、このようなグラフがそれに気づくきっかけにもなり得る。また、そうでなくても、図32および図33から、月曜日は木曜日に比べて売上げの減少幅が小さいと期待されるが、優良顧客への負の影響ということで言うと、月曜日の方が大きいことが、経験的主観により予測され得る。

期待効用理論からみた「解析」のプロセス
　このように、効用関数の定義が明確であれば、それに関する数値を可視化し、それをどのように効用の計算に加味するかをデータに基づいて議論することが可能になる。もちろん、最終的にその影響をどのように加味するかを突き詰めて数式化し、意思決定マトリクスを作り直すことも不可能ではないだろう。しかし、何度も繰り返しているように、どこまでそれらを突き詰めたとしても、唯一正しい意思決定ができるわけではない。そうであるならば、関係者が効率的に議論し納得できる水準のデータの可視化ができれば十分であろう。
　ここまでが期待効用理論に従った直線的な意思決定の過程ということに

なる。前章の小麦の例と同じであることがご理解いただけるだろう。実験をするにせよ、実験をせずに過去の実績から意思決定するにせよ、このように選択肢がいくつかに絞られる場合には、同様の過程を経るのである。それを抽象化してまとめれば、図35のようになる。

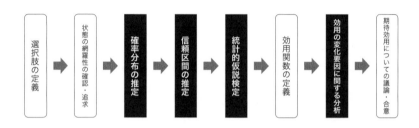

図35　期待効用理論に従って数種類の選択肢から意思決定する場合の「解析」の過程
　　　　（黒文字部分では経験的主観が必要になる）

　データサイエンスの技術は、この図の白文字部分について、それらを適切に行うために使われることになる。そしてそれらの過程は、統計学的に言えば、真値の推定や差の検定を行う過程ということになるが、意思決定的に見れば、未来に関する予測を得ているということになるのである。
　そのように位置づけができれば、自身でその技術を学習するときもより理解しやすくなるだろうし、それをデータサイエンティストや何らかのシステムに任せる場合でも、そこで提示される解析結果を理解しやすくなるだろう。

第5章 意思決定におけるデータ解析

第5節
事例ベース意思決定理論と分類

構造に関する無知とデータ解析

　これまで、期待効用理論に従った直線的な意思決定について述べてきたが、前章の小麦の施肥の例でも、今回のとんかつ屋の定休日の例でも論じた通り、実際にはこのように直線的に過程が進行することはそれほど多くない。特に、状態の網羅性については、いくら事前に議論を尽くしても、どこかに盲点があることが多い。

　また、本章の例では選択肢に疑問を挟む余地はほとんど無いと思われるが、前章の例で述べたような、意思決定後の行動に関する制約などから、実験における選択肢を見直した方が良いことに気付くこともある。あるいは、今回の例のように、過去にそのような選択肢が試されたことが全くなく、かつ実験もできない、というような状況も多くあるのだ。更に、これはまた後の章で論じるが、同じく意思決定後の行動に関する制約などから、効用の計算の基礎となる結果の定義を見直さなければならないこともあるのである。

　これらはつまり、それらの意思決定が構造に関する無知下での意思決定であることを示すものである。そしてそのような場合には、前章の小麦の施肥の例で見たように、事例ベース意思決定理論を用いることで、より論理的な意思決定ができることがある。本章のとんかつ屋の定休日の例で言えば、DSイベントサービス社が近いうちに引っ越してしまうということが分かった時点で、先のようにして推定された確率分布が、意思決定マトリクスを代替するものとして適切でないことが明らかになった。しかし、DSイベントサービス社が引っ越した状態での結果というのは、当然ながら過去実績には現れていない。

事例ベース意思決定理論の応用

　そのような場合には、類似する仮想事例を作る、という事例ベース意思

決定理論の考え方が応用できるわけだ。例えば、先ほど述べたような方法で、DSイベントサービス社の社員らしき会員を分類し、それら会員の売上げを除外した曜日別売上げを、現在の意思決定問題との類似度が高いものとして意思決定する、というのは、考え得るものだろう。因みに、ここではそのようにして集計しなおした売上げについて、図36および図37のように確率分布、期待値およびその信頼区間をグラフ化したものとする。

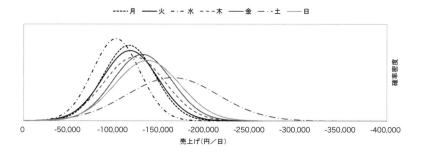

図36 DSイベントサービス社引っ越し後を想定した失われる売上げの曜日別確率密度

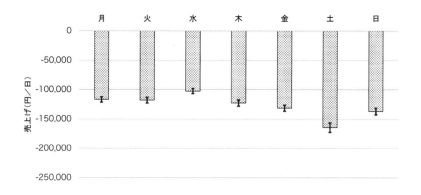

図37 同、失われる売上げの曜日別期待値（エラーバーは2SEを表す）

第5章　意思決定におけるデータ解析

　このような仮想事例の作成についても、自然科学的には許容されるものではないだろう。しかし、論理的な意思決定の枠組みを外れるものではない。大切なのは、どのようにそれを定義したかが明確であることと、その妥当性について関係者間で議論し、合意することである。

　そしてそれについて合意ができたならば、期待効用についてより効率的な議論ができるはずである。この例であれば、図36および図37に従って、DSイベントサービス社引っ越し後の状態で得られる結果とその確率について勘案した期待効用（事例ベース意思決定理論でいうところの評価値U、と言っても良いだろう）を計算する関数がよりよく定義できるだろう。

　実際の効用関数の定義については、前述のものと同様なので割愛する。そこでは、このDSイベントサービス社の社員らしき会員を除外したデータで、各種要因が再検討されることになるだろう。ともかく、このように意思決定後に想定される状態について、現在のデータをそのまま使うのでは網羅できない場合には、類似する仮想事例を作る、というのは有用なのである。

仮想事例と類似度との定義と妥当性

　では、その仮想事例や類似度の定義と妥当性とについて、どのようにすれば関係者間の議論や合意形成が効率的になり得るだろうか。今回の例では、店長の話に基づいて、平均来店人数と平均注文単価とから、DSイベントサービス社の社員を分類することを試みた。事例の類似度を議論する上では、この分類の妥当性が重要な話題となるだろう。そしてその話題に関して議論する上で注目されるのは、平均来店人数と平均注文単価とが、その分類にふさわしい要素であるかどうかである。

　実は先に行った、各曜日を定休日にした場合に失うであろう売上げの推定、ということについても同様の議論はできる。そこでは、曜日という要素のみに着目して、実際の意思決定問題と類似する仮想事例を作った訳だ。つまり、例えば火曜日について、実際に休みにしたことがないので、もし休みにしたら火曜日の過去の売上げと同じだけの売上げが失われてい

た、という仮想事例を作ったのである。この事例では曜日以外の要素で選択肢に関する類似度を考えることはできそうにないが、これもきちんと自覚した上で、議論すべきかどうかを判断した方が良いだろう。

　いずれにしても、類似した仮想事例を作るためには、何らかの手法でデータを分類する必要があり、その基礎となるのは、どのような要素を用いて分類をするか、ということなのである。そして、どの要素を分類に用いるか、ということにも、一般的かつ客観的な、唯一の答えがあるわけではない。基本的には、目的に照らして経験的主観によって何を用いるかを決定するしかないのだ[27]。

　ただ、分類に用いる要素（データサイエンスでは「変数」と呼ばれる）が決まれば、それを用いてどのように分類するか、ということについては、ある程度客観的に行う、クラスタリングと呼ばれる分野の手法を中心としたデータサイエンスの技術がある。それがどのようなものであるか、ここではごく初歩的な技術について紹介しよう。

客観的な分類の可能性

　本来、図28を用いたいところだが、平均来店人数2〜3人の範囲の分類は初歩としては難しいし、データの数も多すぎるので、図38のように大胆に簡略化して考えることとする。直感的には、会員を大きく3つに分類することができるように思うだろう。もはや、ここまで明らかであれば、何が主観で何が客観かが分からないくらいだが、ここでは数学的に分類することが客観的な分類をすることと同義だとしよう。

---

(27) ここについては、近年のAI関連技術の発展により、あらゆるデータを計算機に渡し、自動的に分類する、というような手法も開発されつつある。

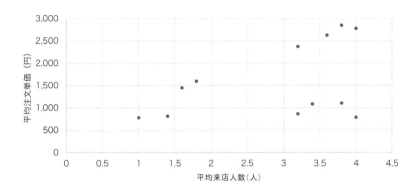

図38 会員番号別平均来店人数と平均注文単価（簡略版）

　典型的なクラスタリングでは、このような場合、まず、もっとも距離の近い2点をグループにして分類する。ただし、注意が必要なのは、平均来店人数と平均注文単価との数値の大きさの違いである。人間の感覚で図38を見ると、来店人数0.5人分の目盛りと注文単価500円分の目盛りとで、若干前者の方が幅広なくらいだが、当然ながら数値としては、後者の方が1,000倍の距離を持つのである。

　つまり、そのまま距離を計算すると、ほとんど注文単価の近い順にグループ化されることになる。図38でいうと、ほとんど点の高さのみで距離の近さが決まってしまうイメージだ。なので、平均来店人数1の点に対して、1.4付近にある点ではなく、4にある点の方が近い、というようなことも起こってしまう。

クラスタリングの準備

　そこでよく行われるのが、標準化というものだ。これも詳細は統計の専門書に譲るが、簡単に言ってしまえば、平均値もばらつき方も異なる数値を同じスケールで評価できるように数値化するものである。

　そして、数値化されたものは、標準化得点と呼ばれる。実際に図38のデータで、縦横それぞれの軸を標準化得点に変換したのが、図39だ。グ

ラフの形はそのままで、スケールがそろっていることが見てとれるだろう。こうなれば、来店人数の標準化得点−1.8付近の点に最も近いのは、当然ながら同−1.4付近の点、ということになる。

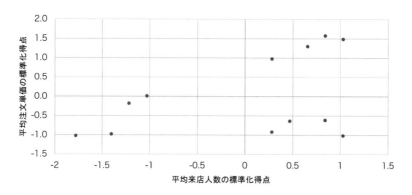

図39 会員番号別平均来店人数と平均注文単価（簡略版、標準化済み）

　これで、距離に基づくクラスタリングを行う準備が整った。実は、距離の計算方法や、それを用いたグループ化の方法も様々にあるのだが、ここでは、もっとも分かりやすく、小中学校で習う、所謂ふつうの平面上の距離（ユークリッド距離）を使って、近いものから順にグループ化する方法について紹介する。

2点間の距離の計算とクラスタリング

　その場合、まず初めにそれぞれの点の間の距離を測り、最も近い2点をグループにする。今回の例で言えば、図40の丸で囲んだ2点だ。因みに、クラスタリングにおいて作成されたこのようなグループのことを、「クラスタ」と呼ぶ。

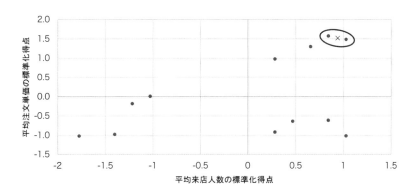

図40 クラスタリングによる1回目のグループ化の終了イメージ

　次のクラスタの作成に当たっては、今できたクラスタ内の2点はそれぞれ単独で扱わずに、クラスタとして距離を計算していくことになる。そしてまた、このクラスタからの距離の測り方についても様々なものがあるのだが、今回は最も説明しやすい「重心法」というものに従いたい。

　これは、その名の通り、作成されたクラスタについて、その重心を使って距離を測る手法である。図40に薄く×印がついているが、これが重心（この場合は中点）であり、次のクラスタ作成においては、このクラスタを代表する点として、そのクラスタに含まれる2点に代わって、ここからの距離が測られることになる。

　今回の例で次に近いのは、来店人数の標準化得点 −1付近の点と同 −1.2付近の点である。これもクラスタリングしたら、2点間との重心がそれらを代表する点となり、次の距離計算がなされる。それを繰り返すと、図41のような局面が出てくる。

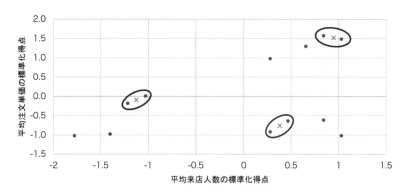

図41 クラスタリングによる3回目のグループ化の終了イメージ

クラスタの拡大

　右上に注目してもらいたい。そこにあるクラスタの重心と、そのクラスタの左下にある点との距離が、他のどの2点間の距離より短い。こうなると、クラスタが変化する。すなわち、右上のクラスタとその左下の点とが、ひとつのクラスタになるのだ。イメージとしては、図42の丸で囲まれたのが新しいクラスタで、点線で囲まれたのが元のクラスタである。そして、3点になったことで、新たに重心が計算されている。

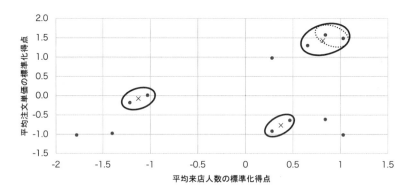

図42 クラスタリングによる4回目のグループ化の終了イメージ

同様のことを繰り返し、8回目のグループ化を終えると、図43のようなクラスタができる。これで、恐らく多くの人が直感的に行った分類と同様の結果となったのではないだろうか。しかし計算上はここから更にグループ化することができるのである。この4点で作られる四角形の重心を計算し、各重心間の距離の近いものをクラスタにするのだ。

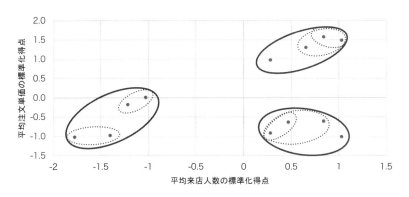

図43 クラスタリングによる8回目のグループ化のイメージ

すると、グラフ下側の2つのクラスタがひとつになった、8点を含む新たなクラスタが作られる。そして、勘の良い読者の方はすでに気づかれたかもしれないが、最終的には、新たにグループ化された8点と、残りの4点で構成されたクラスタとをグループ化して、ひとつのクラスタが作られ、クラスタリングが終了するのである。

クラスタリングの結果

最終的にひとつになってしまうのでは、分類できていないじゃないか、と思われるかもしれないが、このような段階を経ることで、この12点のデータについて、図44のような可視化ができる。これがまさに、このようなクラスタリングのひとつの成果なのである。

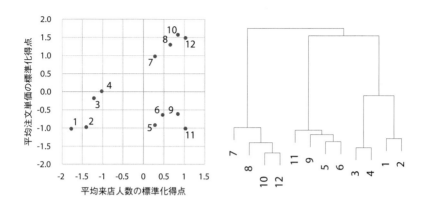

図44 会員別平均来店人数および注文単価の標準化得点（左）とデンドログラム（右）

　左の図は、これまで見てきたものと同じである。右の図がデンドログラムと呼ばれるもので、ここまで述べたクラスタリングの過程をひとつの図で可視化したものと考えてもらえればよい。左右の番号は対応していて、デンドログラムの下から順にグループ化されてクラスタが形成されていったと見る。すなわち、最初に10と12とが、その後順に、3と4が、5と6がクラスタを形成している（図41に対応）。そして、図42で見た通り、10と12のクラスタに8が加わっている。その後も、5と6のクラスタに9が加えられ……、というようにして、最後は、すべてがひとつのクラスタを形成するに至るのである。

　このデンドログラムの高さは距離の長さを表しており、右側で言うと、1と2、および3と4はそれぞれ距離が近いが、1と2とで形成されるクラスタと、3と4とで形成されるクラスタとは距離が離れていることが見て取れるわけである（図44左の左側4つの点の位置関係に対応）。そして、このデンドログラムを上から1/3ほどの高さで切れば、そこには3本の線がぶら下がることになり、これは図43のように3つのクラスタが形成された状態を表すことになる（3本の線それぞれにぶら下がっている番号も参照）。

　一方で、下から1/3ほどの高さで切ると、4本の線がぶら下がることに

第5章　意思決定におけるデータ解析

なり、4つのクラスタに分類されることになるし、逆に上ギリギリのところ
で切れば2つのクラスタに分類するということも可能だ。実はクラスタリ
ングというのは、このように距離に基づいて近しいデータを集めることは
できるが、最終的にいくつのクラスタに分類すべきか、ということに答え
を与えてくれるものではない。

クラスタの決定とクラスタリングの利点

　これについては、データから自動的に分類数を決定するための様々な手
法も提案されているが、まだ議論の中にあるし、そもそも何をもって正解
とするかが決められない場合も多い。とは言え、図44右のようなデンドロ
グラムであれば、クラスタ間の距離が突然遠くなる、上から1/3あたりか、
下から1/4のあたりで切って、3つか4つのクラスタに分類するのが一般的
である。

　これが、分類を行うデータサイエンスの技術の最も初歩的なクラスタリ
ングである。図40を見ただけで直感的に分かるものを、なぜこんな面倒
な過程を経なければならないのか、と思われる読者も多いとは思う。しか
し、これを図28のようなデータでやろうと思うと、平均来店人数2〜3の
範囲では、どのように分類すべきか決めるのは難しいだろう。また、ここ
で述べた事例は2つの要素（変数）で分類をしたので2次元の図で表現で
きたが、要素数が増えれば、3次元はまだしも、4次元や5次元という、人
間では図にして理解することが難しい状況がでてくるのである。

　それに対して、クラスタリングは明確に定義された距離などの尺度で分
類を作れるし、3次元以上であっても距離は測れるので、多くの要素を加
味した分類をつくることもできる。そのような特徴は、事例ベース意思決
定理論に従った意思決定を進める上で、非常に役に立つものだろう。

　具体的に、今回の場合で言えば、図44に従って、会員データを3つに
分類して、左下のひとつのクラスタが一般顧客とDSイベントサービス社
社員との区別がつかない会員、右上が一般顧客、残りの右下のクラスタが
同社社員であると考えるのが妥当、ということになるだろう。そして、そ

195

のように分類されれば、右下のクラスタに含まれるデータは、同社引っ越し後の状態を考慮した意思決定には類似しないものとして、それらを除外し、後は期待効用理論の場合と同様のデータ解析と効用関数の定義を行って、評価値Uを議論することができる。

事例ベース意思決定理論からみた「解析」のプロセス

　ここまでの過程を一般化したものが図45だ。「クラスタリング」と「分類数の決定」とのボックスの上に両方向の矢印があるが、それは分類数を決定してからクラスタリングを行う手法もあるからだ。また、「各分類と類似度の計算」のボックスを灰色にしたのは、経験的主観によらず、各分類と直面する意思決定の類似度を、何らかの要素で距離として計算することが可能な場合もあるためだ。

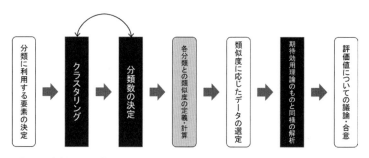

図45　事例ベース意思決定理論に従って意思決定する場合の「解析」の過程
（黒文字部分では経験的主観が必要になる）
※　ボックス上部の矢印と灰色ボックスについては本文参照のこと

　これで、経験的主観に基づく解析である予測や分類が、意思決定理論に結び付けながら一般化された。そして、それらとデータサイエンスの技術とのつながりも、ある程度理解していただけたのではなかろうか。なお、クラスタリングについてより深く学ばれる際には、データ間の距離のことを「類似度」と呼ぶことがあるのに注意していただきたい。その「類似度」は、事例ベース意思決定理論の類似度とは異なるものである。

第5章　意思決定におけるデータ解析

第6節
より複雑な意思決定問題とデータサイエンス

選択肢が連続量である場合の意思決定問題

　図35および図45で一般化したデータサイエンスのプロセスと意思決定理論との関係性は、意思決定問題の一部のバリエーションでしかない。入門編である本書としては、どこまで他のバリエーションを論じるか迷うところではあるが、データサイエンスのプロセスによる意思決定が求められる問題で、非常によく遭遇するバリエーションがいくつかあるため、そのうちのせめてひとつについてはある程度触れておきたい。

　それは、選択肢が連続量である場合の意思決定問題である。選択肢が連続量である、というと、かなり特殊なように思えるが、これも日常で我々がよく行っている意思決定に似たものが多くある。先に述べた、卵焼きを作るときの砂糖の量の意思決定もそうだ。他にも、自分の食べるご飯をお椀につぐときには、どのくらいの量をつぐかを意思決定しているはずであり、ご飯の量は連続量である。つまり、選択肢が連続量である場合の意思決定も、日常にあふれているのである。

　不確実性下でそのような連続量の意思決定をするのは、実はかなり難しい。なぜなら、これまで論じたような意思決定マトリクスがそのままでは使えないからだ。意思決定マトリクスは、これまで論じたような選択肢が数種類の場合には、結果は連続量であっても、確率分布で代替できた。

　しかし、選択肢が連続量であれば、選択肢が膨大にあるということになる。そうなると、確率分布を膨大な数推定しなければならない。しかもそれは、必要な確率分布の数の問題だけではない。そもそも、過去に全く試されていない選択肢も膨大にあるはずだ。そうなれば、これまでのやり方ではそもそも確率分布の推定ができない。このような問題に対処できるのが、「回帰分析」をはじめとする、データサイエンスの『予測』の技術である。

データサイエンスの『予測』の技術

　ここで、『予測』と二重鍵カッコをつけたのは、先に述べた、経験的主観を使った予測とは性質が異なるからだ。大きく言えばこの『予測』もそれに含まれるのではあるが、もっと定義が厳密で応用範囲は狭いものである。それでもできる限り広義に捉えれば、いくつかの要素（説明変数と呼ばれたりする）の値によって、ある結果の値（目的変数と呼ばれたりする）を計算できるようにする、というのが、データサイエンスの『予測』の技術である。

　しかしこれも、概要だけでは中々理解しがたいと思われるので、それが意思決定理論の中でどのように位置付けられて、選択肢が連続量である意思決定問題でどのように役立てられるのか、例を用いて説明してみたい。先ほどの定休日の意思決定の例で登場させたとんかつチェーンを使って、別の意思決定問題を考えてみよう。

　先に話題とした定休日を設ける実験店舗であるAとは異なるロードサイド店舗Bでの話である。この店舗の付近には、比較的新しい住宅地と、10年ほど前に別の場所から引っ越してきた大学とがある。そのため、若い家族や一人暮らしの若者が付近に多く、デリバリー需要が他の店舗に比べて高い。そこでこの店舗Bについては、10年前から、チェーンの中で唯一、デリバリーも行う店舗となった。

とんかつ屋の広告費についての意思決定問題

　このとんかつチェーンは、ほとんど広告をしないのだが、店舗Bについては、このような事情から、ポスティングのチラシ広告をしている。チラシの作成から投函まで一貫して依頼できる広告代理店があり、毎回内容は似たり寄ったりで、店舗でもデリバリーでも利用できるクーポンをつけたものを投函してもらう。

　ただ、量については、最低部数が5,000ということにはなっているが、それ以上であれば柔軟に対応してもらっていて、その時々で5,000〜20,000部の間で店長が予算を睨みながら完全に経験的主観に基づいて意思決定

第5章　意思決定におけるデータ解析

してきた。なお、代理店の計らいで、量が異なっても、広告費は1枚5円で固定してもらっている。広告を打った際には、どれくらい売上げが増加したかを確認しており、基本的にこの量の範囲であれば、投函量が多くなるほど、投函開始日を含む2週間の売上げが増加するようだった。

　皆さんにはこの店舗Bの店長になっていただきたい。そして今また、このポスティング広告を打とうとしているところだとしよう。ただ、せっかくこれまで何度も実施してきたのだから、実績を整理して、どれくらいの広告費を使えばどれくらい売上げが増加するのかを確認しながら、10万円を限度に、広告費を決定したいと考えたものとする。

広告費の意思決定のためのデータ分析

　売上げについては、ポスティング広告を打った時期以外は、良くも悪くもかなり安定している。曜日による違いや天気による違いもあるが、2週間の売上げを見れば、この10年間それほど変化はない。そこでとりあえず、過去10年間の広告費と広告実施後2週間の売上げとを集計し、図46を得た。

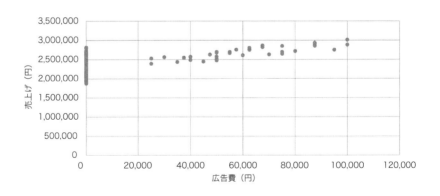

図46　ポスティングの広告費と2週間の売上げ

ポスティングのチラシ広告を打ったのは、過去10年間で35回だった。時期に偏りは無く、すべての年で3回もしくは4回打っていた。回数は少ないが、状態はある程度網羅されていると考えて良いだろう。また、それ以外に広告をすることはないので、グラフでは当然、広告費0円のところにデータが多く集まることになる。因みに、広告費0円の各期間について、度数分布と推定された確率分布とは図47および図48に示したとおりであり、95%信頼区間は約224万～230万円であった。

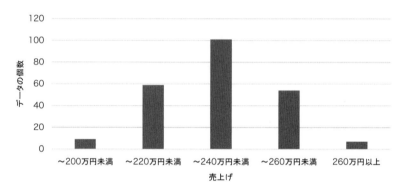

図47　広告費0円の2週間の売上げの度数分布

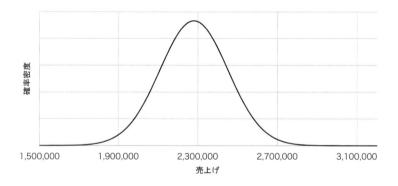

図48　広告費0円の2週間の売上げの確率分布

200

第5章 意思決定におけるデータ解析

選択肢が連続量である場合の意思決定問題の難しさ

　さて、先に一般化した意思決定における解析のプロセスに従えば、図48に広告を打った際の確率分布を加えていって、意思決定マトリクスの代替となるグラフを作ることになる。しかし、今回の意思決定問題では、選択肢は広告費であることは確かだが、その大きさは2万5千〜10万円（5,000〜20,000部）まで、5円刻み（1部刻み）で選択可能である。

　つまり、選択肢を本当に網羅すれば、約19,001個もあるのだ。もちろん現実にはそこまで細かくは考えず、千円刻みとか2千円刻みとかで発注することになるだろうが、それでもかなりの数の選択肢である。やはりこれまでのような意思決定マトリクスは作れそうにない。

　しかもそれを頑張って作ろうと思っても、過去には35回しか広告を打っていないのである。また、その内の数回は、同じ広告費で打っているのだ。となれば、他の広告費の場合については、仮想事例を作るしかない。

　しかし、このようなときにどのように仮想事例を作ればよいだろうか。中々難しそうである。そして、例えば過去に実績のある広告費の中のいくつかを選択肢とすることにしてその問題を乗り越えようと思っても、ひとつ大きな問題がある。

　それは、繰り返しの少なさだ。過去に同じ量の広告を打った回数は、最も多いものでも、5万円で5回であり、あとはすべて3回以下である。それがなぜ問題かと言うと、確率分布を作るときに必要な、平均値とばらつきとの信頼性が著しく低くなるのである。1回しか実績がないものに至っては、もはや平均値とばらつきが計算できない。そのようなときに有効なのが回帰分析である。

回帰分析への誘い

　図46を見ると、広告費と売上げとは、どうも直線的な比例関係をもっていそうである。そしてこのような二次元のグラフで直線の式は、y=ax+bというような数式で表される。ということは、広告費と売上げとの関係も、売上げ＝a×広告費＋bという数式で表されるのではないか、というのが、

回帰分析の出発点だ。もし、このaとbとの真の値が見つかれば、実績のない広告費の大きさであっても、売上げを計算して仮想事例が作れるということになる。

しかしもちろん、このaとbにどのような数値を当てはめれば良いかは、例えば精密に作られたサイコロの出目の確率のようにあらかじめ決まっているわけではない。なのでこれを実績から推定しよう、というのが回帰分析の内容である。どのようにそれを導き出すか、ということについての詳細はやはり専門書に譲るとして、ここでは、考え方だけ説明しておく。

それは至ってシンプルなものだ。まず、図49を見てもらいたい。先ほどの図46に、3本の直線を加えたもので、細かい破線で実線と交差しているものが、売上げ=0×広告費+2,600,000の直線、実線が 売上げ=6.7×広告費+2,270,000の直線、そしてもうひとつの破線が、売上げ=6.7×広告費+2,000,000の直線である。

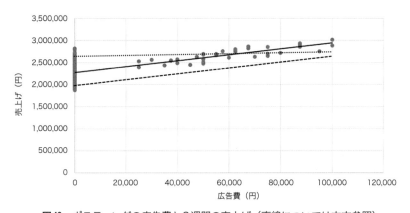

図49 ポスティングの広告費と2週間の売上げ（直線については本文参照）

どれが求めたい真の直線に近そうだろうか。恐らく、ほとんどの読者は、実線がそれに近いものだと考えたはずである。それは、直線と点との離れ具合を見て、実線が最も多くの点から離れていない、と感じたからではないだろうか。そして回帰分析も同じようなやり方、つまり、できる限

り直線と点とが離れないようにして、y＝ax＋bのaとbとを推定するのである。

広告費と売上との関係を推定する回帰分析

　実際に回帰分析をしてみると、aは約6.72で、bは約227万と推定される。そうして推定されたaとbとを用いれば、例えば広告費が9万円であれば、売上げは6.72×90,000＋2,270,000＝2,874,800（円）になると予測されるのである。実は広告費9万円というのは、過去の実績にはない。それは、数式により作られた仮想事例となるのである。

　しかし、気づかれた読者も多いと思うが、このaとbとは、推定されたものである。なぜなら、先の確率や平均値のときと同じく、真のaとbとは、広告を様々な規模で無限回打たなければ得られないものだからだ。そして、そうであるならば、それらと同じように、このaとbとにも、信頼区間を考えることができるのである。これもその詳細な計算方法は専門書に譲るが、今回の例であれば、aの95%信頼区間は約5.64〜7.80で、bのそれは約224万〜300万であった。

　また、回帰分析ではもうひとつ、重要なことを確かめることができる。それは、aが0ではない、と考えることの妥当性だ。どういうことかと言うと、今我々は、広告費と2週間の売上げとが、直線的な比例関係にありそうだ、と考えている訳であるが、もしそれが本当ならば、aは必ず0以外である。なぜかと言うと、売上げ＝a×広告費＋bという数式で、aが0であれば、a×広告費は必ず0であり、売上げは広告費に関係なく決まることになるからだ。

　つまり、aが0ではない、と考えることの妥当性を確かめるということは、そのような比例関係が錯誤なのではないか、ということについて検討する、ということなのである。この例では、それが0である確率は1%にも満たない、という結論が出たので、広告費と売上げとに直線的な比例関係を想定することは誤りではないだろう。

『予測』の信頼性

　更に、直線を決めるaとbとに信頼区間があると言うことは、その直線から予測される値（今回の場合は売上げ）にも信頼区間が考えられるはずである。実際にそれを計算する方法もあり、例えば先のような広告費9万円の時の売上げの予測の95%信頼区間は、約278万〜297万円、ということになる。

　これはどのような意味をもつかというと、推定された直線、すなわち広告費と売上げとの関係から、広告費9万円で何度も（無限に）広告を打って、各回の売上げの平均値を計算すると、恐らく約278万〜297万円の間になるだろう、ということである。よくある勘違いとしては、その区間に実際の値が95%の確率で含まれる、というものだが、そうではない。

　回帰分析で得られる予測値というのは、前節までで議論した期待値に相当するものであり、その信頼区間というのは、期待値の信頼区間に相当するのである。なので、実際の値は、この区間よりもはるかに大きな広がりをもって出現することになるはずである。それは、これまで見てきた期待値、その信頼区間と確率分布との関係を思い出していただけると理解できるだろう（例えば図36と図37）。将来得られるだろう値の確率分布は信頼区間よりはるかに大きな広がりを持つのである。

　本来、その確率分布まで含めて可視化できれば、より意思決定に有用かもしれないが、それを表すには3次元が必要になり、視認性が悪くなってしまう。そこで、回帰分析で比較的よく利用されるのが、「予測区間」と呼ばれるものである。これは、信頼区間と異なり、実際の値がどの程度の範囲に収まりそうか、というのを表すものである。つまり、95%の予測区間であれば、その範囲に実際の値が95%の確率で含まれるだろう、ということになる。それらを図46に追加したのが、図50だ。

第5章 意思決定におけるデータ解析

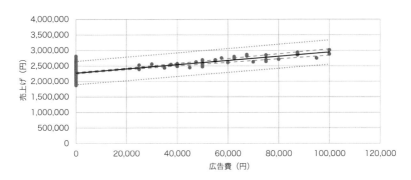

図50 ポスティングの広告費と2週間の売上げ（直線については本文参照）

　実線が、回帰分析により推定された広告費と売上げとの関係を表す直線で、粗い点線が予測値の信頼区間、細かい点線が予測区間を表す。つまり、広告を打った時の売上げは、実線を頂点として、細かい点線まですそ野を引くような確率分布を想像すれば良いことになる。厳密には、細かい点線の外まですそ野は続くが、確率がかなり低いので、グラフを読み取るときには気にする必要はないだろう。

回帰分析と意思決定

　このようにすれば、どのくらいの広告費で広告を打てば、どれくらいの売上げになるかが、幅を持って予測できることになる。それでも、確率分布が想像の中だけにある状態では意思決定しづらいだろうから、ここであたりをつけたら、いくつかの選択肢に絞って意思決定するのが良いだろう。今回は、250万円くらいの売上げを見込みたいので、ひとまず広告費4万円、6万円および8万円の3つに選択肢を絞って意思決定をすることにした。

　そのようにすれば、回帰分析の結果を使って、これまでと同様の手順で意思決定をすることが可能になる。試しに、その3つの選択肢について、確率分布、期待値（予測値）とその信頼区間をグラフ化したのが、図51および図52だ。

205

図51で、すべての広告費で分布の形が全く同じになっているのに気づかれるだろう。これは、そもそも回帰分析自体、広告費がどのような大きさであろうと、同じ形の正規分布になることを仮定しているからである[28]。なので、実は、広告費5万円のときの確率分布は、4万円のものと6万円のものとの中間にまた同じ形の分布を描けば良いのである。そのように、この確率分布はスライドさせながら意思決定することも可能なのだ。一方、図52に見られるように、信頼区間は各広告費で一定にはならないことに注意が必要だ。

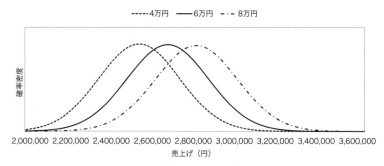

図51　広告費別売上げの確率分布

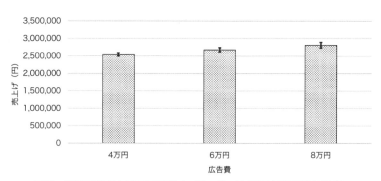

図52　広告費別売上げの予測値（エラーバーは95％信頼区間を表す）

---

[28] 逆に言えば、その仮定が無ければこのように直線を推定することができないのだ。

事例ベース意思決定理論からみた回帰分析のプロセス

　因みに、この例では、広告費6万円および8万円の実績はそれぞれ1回しかなく、平均もばらつきも計算できないが、4万円の実績は2回分あるので、計算すること自体は可能である。しかし、ここで作成した確率分布、期待値とその信頼区間は、それとはまったく別である。

　ここで推定されるそれらは、あくまで、広告費と売上げとの関係性に着目して回帰分析を行った結果得られるものなのだ。そういう意味では、ここにある3つの選択肢の結果の予測は、すべて事例ベース意思決定理論でいうところの仮想事例と言って良いだろう。先にも述べた通り、回帰分析は事例ベース意思決定理論でいうところの仮想事例を論理的に作成する技術、という捉え方もできるのである。

　そう考えれば、後はこの仮想事例を使って、効用関数を設定し、評価値Uについて検討することになる。もちろんそこでは、期待効用理論を応用することもできるだろうし、定休日の意思決定で顧客ロイヤリティについて確認したような、効用の変化要因に関する分析を行うこともできるだろう。それらをまとめて一般化すると、図53のようになる。

　これでもう一つ、データサイエンスの技術を意思決定理論に組み込んで一般化することができた。もちろん、これらは様々な意思決定問題のバリエーションの一部について、しかもある程度には、という中で一般化したものに過ぎない。それでも、データサイエンスの中に経験的主観を位置付けながらなお、それを用いた意思決定を論理的に行う過程というものを、大きくは理解していただけたのではないだろうか。

図53　事例ベース意思決定理論に回帰分析を組み込んだ意思決定の「解析」の過程（黒文字部分では経験的主観が必要になる）

第**6**章
AI時代の意思決定と行動

かなり遠回りをしたようにも思うが、ようやく図1に示したデータサイエンスが価値を生み出すプロセスについて、ひととおり論じることができた。ただ、前章までの内容は、ほとんどが、「出力に基づく意思決定」までに関することであり、「意思決定に基づく行動」については深く触れられなかった。第4章でわずかに事後評価との関係性の中で語ったままである。本章では最後に、それについてもう少し詳細に検討するとともに、それによって見えてくる、AI時代の意思決定のあり方に迫ってみたい。

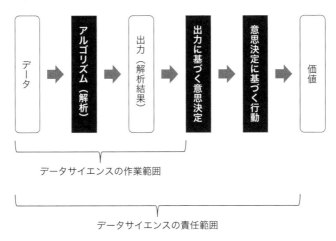

図1（再掲）　データサイエンスが価値を生み出すプロセス
　　　　（白文字部分では何らかの処理が行われる）

　ここまで議論した事例では、本書が入門編ということもあり、意思決定問題の各要素、すなわち選択肢、状態、結果、その得られる確率、類似度などがある程度明確になっている、あるいは容易に定義できるものを扱った。しかし現実には、それらが予め明確になっている

ことはほとんど無く、逆に、それらを詳細に定義しようとすればする
ほど迷路に迷い込んでしまうような、まさしく構造に関する無知と呼
ぶにふさわしい状況にあることも多い。

　特にビジネスにおいて、そのような状況で、先に述べた回帰分析の
ような結果の『予測』ができる技術に出会うと、奇妙なことが起きる
場合がある。図1のようなプロセスを完全に忘れて、『予測』ができ
ればビジネス上の目的が達成される（課題が解決される）、というよ
うな考え方に陥ってしまうことがあるのだ。

　そこで本章ではまず、ビジネス上の目的とデータサイエンスが価値
を生み出すプロセスについて論じる。そしてそうすることで、「意思
決定に基づく行動」というものが、そのプロセスの中でどれだけ重要
なものかを再確認することもできると考えている。また、その難しさ
について検討することは、AI時代の意思決定の有り方を考える上で
も非常に重要なのだ。

　第1章でも述べた通り、そもそもAIというのが何者か、というこ
とも曖昧な中で、「AI時代」というのも憚られるのであるが、これは、
具体的なシステムとしてのAI関連技術が使われる時代、ということ
ではなく、昨今のようにAIへの期待が非常に高まっている時代、つ
まりは現代、と捉えてもらいたい。そして今、多くの人がAIとして
イメージするのは、図1のようなプロセスのほとんどを代行してくれ
るシステムであり、かつその中で行われる意思決定が「人間でないと
難しいのではないか」と思われるような性質をもつようなものだろう。

　そして、ここまでの議論を経た今、読者の皆様にはひとつの疑問が
わくのではないか。AIは、意思決定理論でしばしば利用される経験
的主観をもち得るのだろうか、と。そしてそれをもち得たとして、そ
れは意思決定にどのように作用するものだろうか、とも考えるかもし

れない。例えば、期待効用理論的に意思決定するものとして、危険回避的なのか、中立的なのか、あるいは愛好的なのか、はたまた、場面によって態度を変え得るものなのだろうか。

　本章では、現在の AI に対する期待を盛り上げるのに大きく貢献し、かつ最も注目されているだろう技術である深層強化学習について解説することで、それらの疑問に対して答えていきたい。そしてそれを通して、現在の、あるいはその延長線上にある AI とどのように向き合うべきか、ということがぼんやりとでも読者の皆様の中に形作られれば本書の意義は果たされたことになるだろう。

第1節
ビジネスの目的と意思決定

ビジネスにおける意思決定問題の定義

　ビジネスの目的とは何だろうか。恐らく、ビジネスをする法人の目的は、利益を生み出し続けることだろう。しかし、法人というのは概念であり、その実体は、労働者であり、経営者であり、出資者であり、といった人間と考えるのが自然だろう。その実体である人それぞれにとってのビジネスの目的は、法人の利益を生み出し続けることだろうか。少なくとも、それだけが目的だ、という人ばかりとは思えない。ビジネスの目的は、恐らく多面的なのである。

　つまり、意思決定問題の要素のひとつである効用を明確に定義することがまず難しいのだ。これは第4章でも述べた通りである。そして、どのようなビジネスでも、それを取り巻く状況は刻々と変化しているものだろう。それはつまり、実績が状態を完全に網羅していることがあり得ない、ということを示す。

　また、どのようなビジネスでも、それを運営する上でとり得る選択肢は、技術の発展や法改正などにより変化しているものと思われる。そのように考えていくと、ビジネス上の意思決定は、ほとんどの場合、それが意識されるかどうかに関わらず、実際には構造に関する無知の下に行われているはずだ。そして実際、ビジネスに関するどんな意思決定も、それをきちんと問題として定義するのは簡単ではない。ビジネスに関わる人はすべからく、構造に関する無知に悩んでいる、と言っても過言ではないだろう。

構造に関する無知と『予測』

　そのような中で、昨今のITの発展と、それを利用したデータの解析技術の進化とは、様々な値の『予測』を可能にしている。そして、その技術をビジネスにうまく応用して驚くような成長を遂げた法人が現れ、ニュースを賑わせている。そうして、そのニュースを見聞きした、構造に関する

第6章　AI時代の意思決定と行動

無知に悩まされていたビジネスパーソンが、まるで何かの値が『予測』されれば、それだけでビジネス上の課題が解決するかのごとく勘違いしてしまいやすい状況が生まれたのだ。

　筆者がデータ分析について講義するときに、受講者に対してよく問いかける例題がある。またか、といい加減うんざりされるかもしれないが、やはり前章で登場させたとんかつチェーンに関するものである。ただ今度は、売上げではなく、コストに関することだ。受講者には、とんかつチェーンの概要について情報を与えたのち、以下のような問題を出す。

> 　皆さんは、このとんかつチェーンのデータ分析担当者です。今、社長からご飯の廃棄量を減らすためのデータ分析を依頼されました。米は保存がきくので、廃棄されるのは炊飯されたご飯だけであり、店での炊飯量が適切であれば、廃棄量は減らせる状況です。皆さんなら、この分析の目標をどのように設定しますか？

　受講者は、少なからずデータ分析に興味関心のある人である。ビジネスに関するデータ分析についてのニュースも、一般の方よりも熱心に見聞きしている。そうすると、その人たちは異口同音にこう言うのである。

> 　ご飯の消費量を高精度に予測することを目標にします

　要するに、前章の回帰分析のような技術で、何らかの要因に関するデータから、ご飯の消費量を『予測』する分析を行おう、というのである。冒頭で述べた需要予測を目標とするデータ分析の学習者と同様である。なお、先に述べた通り、このように値を直接的にデータのみに基づいて予測するのは、広く意思決定で行われる予測より狭義のものであるため、二重鍵カッコを付けて表してきたが、この後の議論では、それが狭義のものか広義のものかというのはそれほど厳密に区別する必要がないので、今後はカッコを省いて記述したい。

215

構造に関する無知と予測

　ともかくこの目標、一見すると、良い目標であるように思う。しかし、改めて考えてみて欲しい。ご飯の消費量が高精度に予測されれば、それだけでご飯の廃棄量は減るだろうか。

　当然減らない。誰かがその予測値を見て、何らかの意思決定をし、それに基づいて行動することで初めて廃棄量が減るのである。屁理屈だと思われるだろうか。しかし実は、恐らくこの当然のことを考えていないために、この目標はこのままでは絶対達成不可能なのである。

　何故なら、ご飯の消費量というのはただの概念であって、数値でないのだ。数値でないなら、データ分析のみによって予測することはできない。それは、期間と単位とが定まって初めて数値になり、それで初めて予測可能なものになるのである。では、その反省を踏まえて、単位は後に議論するとして、目標をまずは以下のように設定しなおしてみよう。

> 　一日ごとのご飯の消費量を高精度に予測することを目標にします

　少なくとも、何らかの値の予測はできそうな目標になった。さてこれで一日のご飯の消費量が正確に予測できるようになったとして、ご飯の廃棄量は減るだろうか。

意思決定に基づく行動を意識することの重要性

　実際、皆さんがお店でご飯を炊く役割を担っているところを想像していただきたい。開店準備のために出勤すると、今日のご飯の消費量が190杯と予測されていた。皆さんはそれを見てどのような意思決定をして、どのような行動をするだろうか。

　当然190杯分のご飯を炊くでしょう、と考えた方には、想像をより詳細にしてもらいたい。お店にある炊飯釜は何升炊きだろうか。開店時に190杯分炊けたとして、最後のお客様に提供するのは何時間後だろうか。何時間も炊飯釜で保温されたご飯にお客様は満足するだろうか。ランチタイム

第6章　AI時代の意思決定と行動

のような忙しい時に、一杯のご飯の量を毎回正確に測れるだろうか……。

　この目標を達成したとして、実際に廃棄量を減らすには、相当優秀な炊飯担当者が必要だと感じられただろう。あるいは、もはやこれで廃棄量を減らすのは無理だ、と感じられたかもしれない。筆者は、第1章で図1のプロセス全体を責任範囲として認識しないデータサイエンスの作業は、ただの趣味的な作業でしかない、と述べたが、その理由がお分かりいただけたのではないだろうか。意思決定とそれに基づく行動について考えきれていないどんな値の予測も、ただの趣味である。少なくとも、それがビジネスの課題を解決することは決してない。

　構造に関する無知下で意思決定問題を定義することは容易ではない。それが、自分の関わるビジネスに関するものであり、そのビジネスが自分の生活を支えているのであれば、なおさらである。失敗したくないし、失敗しないためにできる限り正確に定義したいだろう。

　しかし突き詰めれば突き詰めるほど、考えるべきことが増えてしまうし、そもそも構造に関して無知であるということは、考えつくすことができないということなのだ。構造に関する無知下での意思決定とは、それほど厄介であり、困難である。それでも、その困難に向き合わない限りは、データサイエンスの技術の恩恵に預かることはできないのだ。

第2節
意思決定とそれに基づく行動を意識した目標

意思決定問題の定義の原点

　では、先の例題で、意思決定とそれに基づく行動を意識したデータ分析の目標を立てるとしたら、どのようにすれば良いだろうか。これはこの例題に限ったことではないが、そのような目標を立てるためにはまず、誰が、いつ、何を意思決定するのか、を考えるべきなのである。

　まず、誰が意思決定をするか、だが、この例題では、店員のうちの炊飯担当者がご飯を炊いているものとしよう。その炊飯担当者は、だれの指示でご飯を炊くだろうか。それにもバリエーションはいくつか考えられる。その時に店舗にいる社員の責任者とか、来客数を予測するのが得意なフロア担当者とか、あるいは特に決まりはないとかいうこともあるかもしれない。これは、そもそも今、同様の意思決定がきちんと行われているのか、そしてそれをデータに基づく意思決定に変更しようとしたとして、それがどのように行われ得るのか、ということを考えることにつながる。

　もし、そもそも同様の意思決定がきちんと行われていないのであれば、それをデータに基づく意思決定に変更するのはかなり難しいだろう。その場合には、まず誰が最終的に意思決定者となるのかを決めることから始めるべきだ。そうでなければ、せっかくデータを分析して、それに基づく意思決定ができるようになったとしても、活用されることはないだろうからだ。

具体的な意思決定の現場のイメージ

　ここでは、現在のところ、炊飯担当者が、自身の判断でご飯を炊いていることとして、皆さんにはもう一度、その炊飯担当者になってもらいたい。ご飯の廃棄量を減らすためには、いつ、何を意思決定する必要があるだろうか。

　恐らく、それを考えるのはかなり難しいだろう。なぜなら、それはお店

の状況によって異なるはずだからだ。では今度は、そのお店の状況について、どのような情報が必要かを考えていただきたい。

　営業時間は必ず必要だろう。他に、炊飯釜で一度にどのくらいの量のご飯を炊けるか、というのも必要な情報としてすぐに思いつきそうである。

　今、皆さんの店は、午前11時から午後10時まで営業しているものとする。そして、炊飯釜は2.5升炊きがふたつあり、通常量のご飯で50杯分ずつ、つまり100杯分が一度に炊ける。因みに、この店では大盛りは通常量のご飯の1.5杯分としている。

　恐らくこれでもまだ足りないだろう。例えば、ご飯の炊飯についての詳細も考慮する必要があるはずだ。ここでは、ご飯は炊きあがりの味を良くするため、最低3合は炊くものとする。そして、炊飯釜に米をセットしてから炊き上がって提供できるようになるまでは2時間かかるものとする。

　保温性能はかなり良いので、炊きあがってから4、5時間程度であれば、経過していても問題なく提供できるが、さすがに6時間経ってしまうと味が著しく落ちるので廃棄せざるを得ない。しかし、毎日最低でも120杯分以上は提供するので、ふたつの炊飯器を時間差で動かすことで、実際に廃棄されるのは、閉店時に残っていたご飯だけである。

意思決定問題の定義の第一歩

　やっと核心をついた。これで、いつ何を意思決定すればよいのか、が明確になったのではないだろうか。ご飯の廃棄量を減らすためには、閉店の2時間以上前に炊かれる最後のひと釜を、どのくらいの量で炊けばよいのか、できるだけ正しく意思決定する必要があるのだ。誰が、いつ、何を意思決定するか、という視点でまとめると、以下の通りになる。

　　　誰が行う意思決定か　：炊飯担当者が

　　　いつ行う意思決定か　：閉店の2時間以上前の、最後のひと釜を炊くとき

　　　何を意思決定するのか：最後のひと釜で炊くご飯の量

では、この意思決定に貢献するデータの解析とはどういうものだろうか。これもまた恐らく、これまで与えられた情報だけから考えるのは難しいだろう。最低限、やはりご飯の消費量を予測することになりそうだ、ということは分かるが、この意思決定にどう対応させてその詳細を決定すれば良いかは中々難しい。

予測の原点

　実はこの例に限らず、何らかの値を予測することで意思決定に貢献しようとする際には、必ず考えなければならないことがある。それは、いつ、何を（どんな予測値を）、どのくらいの精度で予測すれば良いのか、ということである。まずは、いつ、を検討するために必要な情報を考えよう。

　閉店が午後10時で、炊飯釜に米をセットして提供できるようになるまでが2時間だったので、午後8時以降に予測値を提示しても意味が無いことは明らかである。そして、炊き上がりから6時間たったら廃棄してしまうので、最後のひと釜になり得るご飯を炊くのは、最も早くて午後2時である。ということは、予測値は午後1時ころから午後8時までの間に提示すれば良いだろう。

　しかし、具体的な意思決定の瞬間がいつになるかは分からない。それを予測することも不可能ではないと思うが、それにコストをかける価値があるだろうか、というと、かなり疑問である。なぜなら、この場合、その瞬間1度だけしか予測値を提示できないわけではないからだ。

　現実的には、午後1〜8時までの間、何らかの入力、例えば炊飯担当者が予測値を知りたいと思ったときに画面上のボタンにタッチしたときや、炊飯器の中に残っているご飯が1升を下回ったことを自動で検知したときなどに予測値を提示する、というような仕組みを考えれば良いだろう。あるいは、リアルタイムに予測値を表示し続けるとか、5分おきに表示する、とかいうことも、解決策になり得る。ここでは、タブレットを使ったシステムで、炊飯担当者が画面上のボタンをタッチすれば予測値が示されるようにすることとしよう。

第6章　AI時代の意思決定と行動

予測する値の定義

　次は、何を、つまりどんな予測値を提示すれば良いか、を考えなければ
ならない。これは簡単、ご飯の量だ、と思われるかもしれない。それはそ
の通りなのだが、もう少し詳細に検討しよう。今、午後6時で、ひとつの
釜は空である。もうひとつの釜には、通常量でおよそあと30杯分のご飯が
残っている。恐らく、これでは閉店までもたない。どれくらいの量の米を
炊こうか、と考えたとき、どのような予測値があると意思決定が簡単にで
きるだろうか。

　これは、炊飯担当者にもよるかもしれない。人によってはあと何杯分炊
けばよいか、と考えるかもしれないし、あと何合分炊けばよいか、と考え
る人もいるだろう。あるいは、少数かもしれないが、グラムで考える人も
いるかもしれない。このように、どういう単位で予測値を提示すべきか、
というのも簡単に判断できるように見えて、実は奥が深いのである。

　今あげた選択肢であれば、どの単位で予測値を計算しても、ある程度の
精度で相互に変換可能ではある。しかし、例えばこれを深く考えずに、来
客数を予測すればご飯の量も決まるだろう、などと思い込んで、それを予
測する分析を行ってしまったら、その分析は無駄になる恐れがある。なぜ
なら、大盛を頼む人やおかわりをする人の割合が分からないと、来店客
数からご飯の量は計算できないからだ。

　ともあれ、今回は、閉店までに必要と考えられる米の合数を提示するこ
ととしたとしよう。そうすると、この分析結果を活用するためのシステム
を稼働させたときには、炊飯担当者に合数で炊飯量を決めるように周知徹
底する必要がある。これは後にもう少しまとめて議論するが、このように
データサイエンスを応用したシステムで価値を生み出すためには、それを
使った意思決定に基づく行動をきちんと設計しなければならないことがほ
とんどである。

予測の精度についての考え方

　何を予測するかが決定すれば、残る三つめは、精度についてだ。これ

221

まで見てきた通り、データによって何らかの値を予測したとしても、それが将来実際に得られる値とぴたり一致することは稀である。例えば回帰分析で計算可能になる予測値は、あくまで期待値である。構造に関する無知下のような、不確実性下の意思決定では、結果は常に確率的にばらつくのだ。

にもかかわらず、データに基づく予測をするときには、精度が求められることが多い。筆者からすると、そもそも精度をどのように測るべきかを知っている人も少ないだろうに、と思うのだが、なぜか予測の現場では、とにかく高い精度を求められる。因みに、予測の精度というのは一般的に、予測値と実際に将来得られる値との差の程度を指すものであり、それが小さいと精度が高い、逆に大きいと精度が低い、ということになる。

しかし、実はそれを実際に測定することはできない。対象とするのが将来得られる値であれば、常に現在は得られていない値であるので、それは当然のことだ。ではどうするのかというと、様々な仮定を設けて推定するのである。これは、回帰分析の予測区間についての解説でもすでに扱っている。回帰分析では、どのようなxに対しても、yは同じ正規分布に従ってばらつくことを仮定して、実績データから予測値と実際に得られる値とのばらつきを推定するのだった。

他にも、過去の実績データを使って、予測値との差を集計して、差が小さいほど精度が高いことにする、などは、考え方としてはシンプルである。ただ、回帰分析の例で説明した通り、そもそも予測の数式を作るという行為そのものが、過去の実績データに最もよく当てはまるように数式を作成しているので、実際には、過去の実績データと予測値との差の集計で精度を測る場合には、様々な工夫をしなければならない。

予測精度を高める方法

ともかく、予測をする場合には、大抵において何らかの方法で予測の精度を測定し、改善することが求められる。そして、それを高めるための技

第6章　AI時代の意思決定と行動

術も様々に発展している。AI関連技術である機械学習と呼ばれるものは、それを劇的に高くする可能性を秘めたものである。

　本書では深く議論しないが、それら予測の精度を高めるような技術は、事例ベース意思決定理論的に捉えれば、大抵において、状態に関する情報を詳細にデータ化することで、事例の類似度を測る要素を多くし、類似した仮想事例をより巧みに作り込んで予測に使うことで、予測値と実績とのばらつきを小さくしようとするものである。もちろん、実際にはそんなに単純ではないのだが、入門編として意思決定理論的に理解するならば、そのくらいの理解で十分であろう。

　とは言え、あまりに具体性が無いと理解しづらいと思うので、少しわき道にそれるが、簡単な事例でそれを説明してみよう。例えば今回のご飯の消費量について、天気や曜日に関係なく1日当たりの消費量を予測した場合と、天気別曜日別に予測をした場合とでは、恐らく後者の方が予測値と実測値との差の合計は小さくなるだろう。なぜなら、晴れか雨か、平日か土日か、などによって平均値が異なるだろうからだ。

　これは実は、いつ予測をするのか、という予測のタイミングの設定とも密接に関わってくる。状態を細かく分類して、状態の類似性をより高めて高精度な予測をするということは、予測したい事象の実際に起こる時点がどのような状態であるのか、ということも予測する必要があるということだ。そしてもちろん、予測値を計算する時点から、実際の値を得るまでの期間が短い方が、その状態の予測は当たりやすくなるはずだ。天気などはまさにそうだろう。

　これは何もデータに基づく予測に限った話ではなく、経験的主観のみを使った予測をするにしても同じだろう。今回の例で、1時間後のご飯の消費量を予測するのと、1か月後のある日のご飯の消費量を予測するのとでは、後者の方が難しいことには、ほとんどの人が同意していただけるはずだ。要するに、いつ、を設定するときには、可能な限り計算時点から実際の値を得るまでの期間を短くする方が、精度は高めやすい、ということも考慮した方が良い。

223

ともかく、そのようにして予測精度を高めようとすれば、それと同時に、分析の手間が増えるということも理解できるだろう。そして、例えば天気や曜日を使った予測のシステムを利用しようとすれば、予測したい時点がどのような状態であるのか、つまり今日が何曜日で、閉店までの天気がどうなりそうか、ということをシステムに入力する必要が出てくる。つまり、必要となるデータの量も種類も多くなってしまうのである。

　すなわち、予測の精度を高めることは、コストとトレードオフなのだ。なので、それについて予め議論せずに目標を定めてしまうと、最善を求め続けて非常にコストが高くなってしまう可能性があるのだ。実際には、データ分析の期間が決められてその中で最善を尽くす、という目標にすれば良いようにも思うが、筆者はそのような目標は避けるべきだと考えている。なぜならそのような目標だと下限が曖昧になるからだ。

　データを使って何らかの数値の予測をするからには、過去の実績がある程度あるはずである。そして実績があるということは、これからやろうとしている予測値を使った意思決定とそれに基づく行動は、過去のそれらの改善を目指すものであるはずだ。

　そうであるならば、過去のそれらの判断材料になっていた何らかの予測値があるはずなのである。現実のデータサイエンスに関するコンサルティングの場では、はじめて予測に取り組むことになった、として相談される場面もあるのだが、そういうときは大抵、経験的主観に基づいて行っていた予測を意識できていないために、これまで予測をしていなかったと思い込んでいるだけである。厳密な意味で本当にはじめてならば、実績としてのデータもあるはずがないので、データに基づく予測はできないのだ。

　そのように考えると、データを使った何らかの値の予測を新たに行う場合には、それまで行っていた予測よりも精度が高まることで、より高い効用を得られると考えているはずなのだ。そのため、データ分析を開始する際に、下限についてまったく見当もつかない、ということはあり得ない。そして、開始時に下限について合意しておくことは、データ分析を進める上で、中断や方針変更、期間の延長などの検討に重要なのだ。

第6章　AI時代の意思決定と行動

　先に述べた通り、予測の精度を高める手法は様々に発展しているが、精度を高めるには、時間とデータが必要になる。ある程度経験のあるデータサイエンティストであれば、開始時の基礎的なデータ分析で、手元にあるデータと期間であれば、どの程度の精度の予測が出来そうか、ということに目安をつけられる。今取り扱えるデータで、典型的なパターンとして状態を絞り込んでみたときに、それでも大きく値がばらついているのであれば、精度を高めるのは非常に難しい。その時点で、目標とする精度を達成できる見込みが低いのであれば、中断や方針変更、期間の延長などを検討しなければならないだろう。

予測精度の目標の下限

　少し前置きが長くなったが、例題に戻ろう。この例で、予測の精度について検討するにはまず、当然ながらこれまでの廃棄量がどれくらいだったか、という情報が必要になる。しかし実際には、飲食店でご飯の廃棄量を正確に把握していることなどほとんど無いだろう。

　これも、この例に限らず、一般的にデータを使った予測に取り組む際に盲点となりがちなところである。予測の精度を高めることによって、これまでより高い効用を得ることが目標なのであれば、効用そのものではなくても、その効用の根幹をなす何らかの値（この例であればご飯の廃棄量）が計測できなければならない。しかし、意外にも、その計測に障害があることも多いのだ。そしてそのような場合、実はそれを計測できるようにするだけで、効用が高くなることも多い。

　この例で言えば、ご飯の廃棄量の実体を知るために、廃棄の際にご飯の量を計測してから廃棄するようにルールを作ってそれを記録するだけで、炊飯担当者が無駄を意識するようになり、経験的主観による消費量の予測精度が高まることも考えられるのだ。ただ、ここでは、それを実施した上でまだ一日平均4.5合のご飯が廃棄されている、という状況だとしよう。

　当然目指されるべきは、一日の廃棄量の平均が4.5合を下回ることだ。これが目標の下限の目安となるだろう。回帰分析のような手法で予測を行

225

うとして、単純に考えれば、実際の消費量の平均が信頼区間の範囲の値になる確率は推定できるので、その下側と予測値との幅が4.5合以内となる確率は見通せる。なお、この後の議論については、すべて回帰分析のように信頼区間と予測区間が推定できる手法を使うものとする。

予測精度の目標の上限の考え方

では、上側の目安はどのように考えられるだろうか。まず考慮しなければならないのは、最低炊飯量が3合である、ということだ。つまり、消費量が正確に予測できたとして、完全に提供量をそれに合わせようとしても、あと1合（2杯分）必要だ、と予測された場合には、2合廃棄するように炊飯するしかない。

そこには、もうひとつ別の意思決定が必要になる。そのひとつが、このように正確に消費量が予測されたとしても発生する廃棄への態度である。この2杯のために残り2合の廃棄を認めるのか、それとも炊飯せずに来店者にご飯が無くなってしまったことを説明して帰っていただくのか、というのは、予測値を使った炊飯量の意思決定に影響する、別の意思決定である。

そしてもちろん、完全に正確な予測は存在しないので、例えば、今残っているご飯の量と閉店までの消費量の予測値とが完全に一致した場合も、同じような課題を抱えることになる。一見、そのような場合には、もうご飯を炊く必要は無いように思える。しかし、実際に得られる値が、予測値を頂点とした正規分布になると考える（図51参照）と、今残っているご飯の量と予測された消費量とが一致した場合にそれ以上ご飯を炊かなければ、約0.5（50%）の確率でご飯が足りなくなるのだ。もちろん、逆に余ってしまう確率も0.5である。

実は、これも一般的に勘違いされることが多いのだが、予測の精度を高めても、外す幅を小さくすることはできるが、予測値よりも実際に得られる値の方が大きくなる、あるいは小さくなる確率は変わらず約0.5（50%）なのである。不思議に思うかもしれないが、予測値が平均値の予測であることを考えれば、身近な例ですぐにわかるはずだ。

第6章　AI時代の意思決定と行動

　例えば、あるクラスのテストの平均値を予測するとする。そして実際の
得点の平均値が予測値とぴたりと一致したとしよう。では、その平均値と
全く同じ得点を取った生徒は何人いるだろうか。そもそも平均値が整数で
なかったなら（むしろその方が自然だろう）、同じ得点を取った生徒は0人
のはずである。そういうことを知らずに、しかも何で精度を測るか定義も
せずに、ただただ精度の高い予測を求めるというのは、もはや滑稽という
しかない。

予測精度の目標の上限とビジネスプロジェクトの目標

　それらを考え合わせれば、まず、ご飯が足りなくなることをどの程度許
容するのか、という意思決定が、このデータ分析の目標を決める場合に必
要となる。例えばそれを、年間2.5%、つまり、来店者にご飯が無いことを
お詫びするような事態がおよそ月に1回あるかないか、という水準にした
いのであれば、炊飯量は95%予測区間の上側の値で決定することになる。
なぜなら、95%予測区間というのは、その区間の上下に外れる確率が合わ
せて5%なので、95%予測区間を上回る確率は、その半分の2.5%になるか
らだ。

　そして、そのように設定した場合、予測区間の上側5%の炊飯量に従っ
て、必ずそれに足りるように炊飯しなければならないので、最後のひと釜
として炊くべきご飯の量が3合未満であれば、ほぼ必ず廃棄が出る。そう
であれば、目指すべきは、せめて最後の1回として3合炊飯したときに、
それをそのまま廃棄しない状況ではないだろうか。そして、そのように
なってしまう確率をまた2.5%以内に収めたい、ということであるならば、
単純には、95%予測区間の幅が3合未満になる、というのを予測精度の目
標として設定できるだろう。

　これで、いつ、何を、どのくらいの精度で予測しなければならないか、
というのを設定することができた。これを、意思決定の定義とともに並べ
てみると、データ解析の目標になるはずだ。例えば、以下のように設定で
きるだろう。

データ解析の目標：

　　炊飯担当者が行う、閉店の２時間以上前に炊かれる最後のひと釜の
炊く量の意思決定に貢献するための、ご飯の消費量の予測を行う。

予測の目標：

　　午後１〜８時までの間、炊飯担当者が予測値を知りたいと思ったとき
に、その時点から閉店までのご飯の消費量を合数で、95％予測区間の
上側の値で表示できるようにする。その上で、95％予測区間は３合以
内にすることを目指す。

　ここまで考えれば、実際に予測した結果が実際の意思決定に活かされな
い、あるいはそれに基づいた行動を促せない、というような事態は起こり
にくいだろう。何より、ここまで詳細に考えたことで経験的主観もより良
く構築されるはずなので、それを持ってデータ解析の作業に当たれば、途
中で問題が発生したときも、正しく対処できる可能性が高まるはずだ。そ
して実際、データ解析の作業が一直線に滞ることなく進むことは稀なの
で、データ解析の作業者がこのような詳細を理解して経験的主観を磨いて
おくことは非常に重要なのである。

第3節
意思決定に基づく行動とデータサイエンスの生み出す価値の評価

ユーザーの視点から見た予測の成果

　これでようやく、例題において、データサイエンスの責任範囲を意識した作業範囲を明確に示すことが出来た。これで目指す精度で予測が可能になったなら、後は炊飯担当者が、炊飯をするときに予測区間の上側の値を見て、それに従って炊飯量を決定すれば、廃棄量は減りそうである。なぜなら、図53のような、選択肢が連続量の意思決定のプロセスのほとんどは問題の定義の際に終了していて、95%予測区間の上側の値に従って炊飯をする、というひとつの選択肢に絞られている上、それによって廃棄量を減らせることが見込まれているからである。

　つまり、この例でのデータ解析の結果を組み込んだシステムが製作されれば、ユーザー（炊飯担当者）側から見れば、意思決定を代行してくれるようなシステムになっている訳だ。ただ、第1章で示した画像処理システムのように行動までを代行してくれるものではない。プロセスとしては、図54に示すようになる。

図54　炊飯担当者がご飯の消費量予測システムで価値を得るプロセス

ここで入力されるデータとしては、炊飯担当者からの、予測値が欲しい時間になった、というデータ以外に、予測に必要となる様々なデータ（データ解析により様々に決定されるだろうが、例えば曜日や天気、その日の予測時点までの来客数などがあるだろう）も必要だが、それらは自動で予測システムに渡されるようになっているだろう。なので、入力に関しては、炊飯担当者は、システムのインターフェースであるタブレットの画面などでボタンをタッチすればよいだけ、というように準備されているものとする。

意思決定に基づく行動に関する問題

　このプロセスで正しく価値を得るために問題となるのは、「予測量に合わせた炊飯・提供」の部分である。そしてその問題は、行動主体と価値との関係性によってもたらされる。

　この場合の行動主体である炊飯担当者は、その結果として得られる「廃棄量の削減」という価値を直接的な価値として認識できない場合が多いだろう。なぜなら、それは法人が得る価値だからだ。先にも述べた通り、それは法人に所属している炊飯担当者にも関わることではあるが、炊飯担当者にとってのビジネスの目的というのは、法人のそれと完全に一致するものではない。

　むしろ、炊飯担当者含む店舗の現場にとっては、いくら確率的には低くても、ご飯が足りなくなった時に来店者に謝るという負の価値が著しく大きく感じられるかもしれない。そのような現場であれば、システムの表示する量に対して、独自に危険回避的な意思決定を行ってしまうかもしれないのだ。それでは、どんなにシステムが狙い通りに働いたとしても、価値が生み出されにくいことになってしまう。

意思決定に基づく行動の設計

　このような事態を避けるためには、そのシステムを評価するのに、廃棄されたご飯の量を記録するだけでは意味が無い。それが予測値と実際の値とのかい離によるものなのかどうかを計測する必要がある。それをシステム化することもできるだろうが、そのためには、2台の炊飯釜のご飯の量

をモニタリングするとか、提供するご飯の量を計測するとか、とにかく大変な手間がかかるだろう。

　現実的には、やはり現場の炊飯担当者にシステムの意味を理解してもらうとともに、廃棄量が削減できた際の人事評価や、ご飯が足りなくなった時の苦情対応への法人としての協力などの仕組みを整え、システムの表示する量の通りに炊飯してもらう方が良いだろう。そしてもちろん、システム開発の基本的な部分として、システムに異常があった場合に炊飯担当者にそれを知らせ、その場合にどのように行動すべきか、というのもマニュアル化するなどしておかなければならない。

　ここまでしてようやく、システム稼働後に、このシステムが生み出す価値を評価できるのである。先にも述べた通り、データサイエンスを応用したシステムで価値を生み出すためには、それを使った意思決定に基づく行動をきちんと設計しなければならないのだ。

　また、もちろん、このプロセス全体の評価としては、単に廃棄量が減ったから良くて、減らなかったから駄目、ということではない。そのような評価の仕方では、その後の改善の効率は悪くなってしまうだろう。良い結果でも、悪い結果でも、システム製作に当たって行った意思決定のプロセスにおける状態や結果、その得られる確率の定義がうまく機能したのか、どこかに再定義による改善の余地は無いか、を議論して、初めてプロセスの評価が定まるのである。

データサイエンスが価値を生み出すプロセスの全貌

　ともかくこれで、図1に示したデータサイエンスが価値を生み出すプロセスについて、入門編として議論すべきことが網羅されたように思う。読者の皆様には、本書を読む前と比べて、データサイエンスというものについて、より良くご理解いただけただろうか。ご理解いただけたとして、それについてどのような感想を持たれただろうか。

　本書を読む前には、多くの人が、データサイエンスを、もっと普遍的、一般的で客観的な結論を導き出すものだと思われていたのではないかと推

察する。そして、だからそれに関する技術を学べば、簡単にそれを活用できるのではないか、と考えられていた読者も多いのではなかろうか。また、そのように考えられていた読者の中には、その活用に当たって考えるべきことの多さに、若干の失望を覚えたかもしれない。

　あるいは、AIの活用が叫ばれる昨今、ここまで論じたような、データに基づく意思決定にまつわる手間は、AIの発展によってすべて解消されるのではないか、と期待される読者もいるかもしれない。そこで最後に、本書のタイトルにもなっている、AI時代の意思決定について論じてみよう。

第6章　AI時代の意思決定と行動

第4節
AIとは何か

深層学習という技術

　第1章でも述べた通り、「AIとは何か」という問いに明確な回答をするのは難しい。そのような中で、それと意思決定との関係性を論じるためには、まずそれを定義することから始めなければならないだろう。

　本章のはじめに述べた通り、本書で言うAI時代とは、具体的なシステムとしてのAI関連技術が使われる時代、ということではなく、昨今のようにAIへの期待が非常に高まっている時代、つまりは現代を指すこととしたい。そしてそうであるならば、昨今AIへの期待が高まっている原因となっている技術的革新に触れておくことは、それを定義するのに有用だろう。

　きっかけとなったのは、ディープラーニング、日本語でいうと深層学習と呼ばれる技術が、分類において非常に優秀な成果を得た、ということである。機械に分類をさせるコンペティションとして、画像を正しく識別させる、というのが古くから行われてきた。その世界的なコンペティションにおいて、2012年に、他の技術を圧倒して勝利したのが、この深層学習である。

深層学習が注目されたきっかけと筆者の体験

　詳細はインターネット上にも多くの記事があるので省くが、要は、写真の被写体が猫なのか、犬なのか、はたまたロボットなのか、というようなことを、深層学習を使うと、機械が自動でかなり正確に識別できる、ということである。因みに、それらの写真の被写体は、我々人間でも、その写真を撮影した人には正解が分かっているだろうが、その写真を見る人には間違って見えることもあるように映っていたりする。

　実際、コンペティションで使われるような写真では、人間でも5%くらいは間違った識別をしてしまう。それが、深層学習を使うと、それよりも間違いを少なく識別できるところまで技術が発展しているのだ。筆者の個

233

人的な体験として驚いたのは、「Googleフォト」という、写真管理アプリケーションを使用したときのものだ。

Googleフォトでは、それに写真を預けておくと、機械が勝手に写真を分類して整理してくれる機能がある。人物が写っている写真であれば、人物ごとに写真を整理してくれたりするのだ。もちろん、それをどのように行っているかは公開されている訳ではないが、Googleは深層学習の技術発展の中心企業なので、それが利用されていることは間違いないだろう。そしてGoogleフォトを利用する中で筆者が驚いたのは、もちろんその正確さもあるが、むしろ人物の判別を間違ったときの間違い方だ。

筆者のGoogleフォトには、当然ながら、家族の写真が預けられている。そして、妻や子供を驚くべき正確さで識別し、整理してくれている。ある時、親族の集まりで妻の兄弟の写真を撮ることがあったのだが、その写真をGoogleフォトに預けると、なんと、妻の兄弟を妻として識別したのだ。これには驚いた。

識別の間違え方にみる深層学習の特殊性

もちろん、筆者のような人間であれば、それを間違って識別することは無いので、この場合、その精度としては機械の方が劣っている。しかし、間違い方が非常に人間的と言うか、兄妹だから確かに似ているよな、と妙に納得してしまうのである。それがいかに凄いことなのか、それは深層学習という技術を理解する鍵にもなるので、もう少し詳しく説明しよう。

写真の被写体を識別する、ということは、多数の写真から、同じものを集めてそれぞれグループとして分類する、ということだ。そして写真と言っても、機械が取り扱えるのはデータなので、機械に写真を分類させるということは、データに基づいて分類をさせる、ということである。そして従来、その分類をするためには、図45に示したように、分類に利用する要素を経験的主観に基づいて決定する必要があった。しかし、深層学習では、それを機械自らが決定するのである。

つまり、人物を分類するとき、従来であれば、目とか眉毛とかの各パー

第6章　AI時代の意思決定と行動

ツの形と、それらの配置など、どういうところに着目して分類すべきか、ということを予め人間が経験的主観に基づいて決めて、機械に分類させていた。それが、深層学習では、ただ写真を大量に与えることによって、似たものを分類できるのである。

　言い方を変えれば、深層学習で人間を分類する機械は、我々人間が、どのようにして人間の顔を識別しているか、ということを知らないのである。つまり当然ながら、人間がどのようなときに、ある人と他の人とを似ていると感じるのかも知らないのだ。

　兄妹を同じ人物として分類したことへの驚きが、少しご理解いただけただろうか。そのような分類を機械がした、ということは、我々人間が似ていると感じる感覚、つまり経験的主観を、あたかも機械が体得したように振る舞った、ということなのだ。

深層学習と経験的主観

　このような不思議な感覚は、何も筆者個人だけが体験したわけではない。深層学習という技術を有名にしたニュースに、多くの人が同様の体験をしたことがかつてあったのだ。それも、画像識別コンペティションで深層学習を組み込んだ機械が圧倒的な成績で勝ったのと同じ、2012年のことである。

　そのニュースの基になった論文は、今でも無料でインターネット上に公開されているので、詳細を知りたい方はぜひ読むことに挑戦してほしい。[29] 概要としては、まず、大量の画像から、深層学習によって、猫を識別させるプログラムを作った。

　その上で、そのプログラムが最も猫と判別しやすい画像、つまり、そのプログラムを実装された機械が典型的な猫とする画像を作った。するとその画像が、まさに人間が典型的な猫と考えるだろう画像だったのである。

---

(29)　Le, Quoc V., et al. (2012)

235

これも、深層学習なので、人間がどういうものを猫と判断するのか、ということに関して、機械は何のヒントも与えられていない。すなわち、あたかも、人間が猫を猫と判別する経験的主観を、機械が体得したように感じられる結果なのである。

　そのような成果を通して、この深層学習という技術は、AIに関連するものの中でも革新的であるとして注目されることとなった。その発展の勢いはすさまじく、今や画像の識別においては、人間よりも信頼がおけるほどになったのである。そしてそれは、数値の予測にも応用されることとなった。

　先にも述べた通り、数値の予測精度を高める技術は、事例ベース意思決定理論的にみれば、大抵において、状態に関する情報を詳細にデータ化することで、事例の類似度を測る要素を多くし、類似した仮想事例をより巧みに作り込んで予測に使うことで、予測値と実績との差を小さくしようとするものである。つまり、事例を状態によってより良く分類できれば、より精度の高い予測が出来そうであることは想像に難くないし、そう考えれば、深層学習が予測に応用されることも自然な流れとして理解できるだろう。

意思決定からみた深層学習と強化学習

　ともあれ、まず、AIに関連して現在恐らく最も注目されている技術である深層学習が、分類や予測を高精度に行うことを可能にするものだ、ということを理解してもらいたい。すると、AIと意思決定との関係性がひとつ整理できる。AIはまず、データに基づく意思決定のプロセスで行われる、データの解析のステップについて、人が経験的主観によって行っていた作業を代替することができるのである。

　ただし、それではやはり、意思決定自体は人間に任されている。そして、データの解析結果に基づいてどのように意思決定をし、それに基づいてどのように行動すべきか、という部分にいかに手間がかかるかは、これまでの議論で明らかにしてきた。

　しかし現在、ここにもAI関連の技術が応用されようとしている。その主

第6章　AI時代の意思決定と行動

たるものが強化学習という技術であり、それを深層学習と結び付けた、深層強化学習というものである。

　実は、入門編である本書では、深層学習そのものを深く知る必要はないと考えている。それよりも、強化学習に関する理解の方が、AIと意思決定との関係性を考える上では重要だ。ではなぜ深層学習について概説したかというと、それが強化学習と結び付けられることによって、AIへの注目度を飛躍的に高めたエポックメイキングな出来事があったからだ。

囲碁で人間に勝つ機械

　それは、恐らくほとんどの読者が知っているであろう、囲碁で機械が世界のトップ棋士に勝利した、という出来事だ。第2章でも述べた通り、囲碁は、「二人零和有限確定完全情報ゲーム」であり、先手後手双方の意思決定と、それに基づく碁石を並べる行動との繰り返しによって成り立つ。そのゲームにおいて、機械が人間に勝利した、ということは、そこに存在する意思決定が価値を生み出すプロセス全体について、人間のそれよりも優れたものを機械ができるようになった、ということである。

　このことは、社会に大きな衝撃をもって受け止められた。それは、そのようなプロセスこそ、人間の人間らしさを決定づける脳の機能、すなわち人が知能と呼ぶものの主要な構成要素だと考えられていて、我々には、そのプロセスについて、他の生物よりも優れたものを持っているという自負があったからだろう。実際、強化学習と脳の機能との研究は、相互に影響しあいながら発展してきている[30]。

　それを鑑みれば、この強化学習こそ、AI時代の意思決定を議論する上で着目すべきAIの関連技術として良いだろう。そして、その強化学習が優れた意思決定により価値を生み出すことを可能とする深層強化学習の発展の先にあるものを見通すことが、AI時代の意思決定のあり方を考えることにつながるのではないか。

（30）中原（2014）などを参照のこと。

第5節
AI時代の意思決定

ブロック崩しの深層強化学習

　深層強化学習に注目が集まったもうひとつの事例として、それを備えたプログラムが、ブロック崩しというゲームの操作に習熟していくものがある。ここでは、その事例を使って、強化学習というのがどういうものか、概要を理解してもらいたい。

　ブロック崩しとは、ゲーム画面の上部にある大量のブロックの塊に対して、下部にある板を操作して球をぶつけることで、ブロックを壊していくゲームである。球はゲーム開始時に、ブロックの塊と板との間にある空間から、下に向けて任意の角度とスピードで放り出される。

　プレイヤーは板を操作することで、板をその球に当て、球が板に当たって跳ね返る性質を利用して、ブロックを壊そうとするわけである。プレイヤーには、ブロックを壊すたびに得点が与えられるのだが、球を板に当てることが出来ずに、板よりも下方に球が飛んでいくとゲーム終了となる（普通は何回かやり直しが認められる）。参考までに、典型的なブロック崩しのゲーム画面のイメージを、図55に示す。

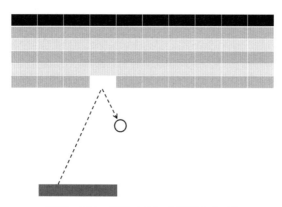

図55　ブロック崩しのゲーム画面イメージ

第6章　AI時代の意思決定と行動

強化学習の基本構成

　さて今、これを（深層）強化学習で機械に操作させようとするわけである。強化学習では、エージェントと呼ばれる、仮想の意思決定者が作られる。ここではそれはゲームのプレイヤーになるわけだ。そして、その意思決定者には、何らかの方法で状態が知らされる。ここでは、ブロックの残数と位置、ボールの位置や進む方向と速度、板の位置といったものが、時系列に並んだ画像データとして与えられることになるだろう。

　最後にもうひとつ、エージェントには、行動の選択肢も与えられる。ブロック崩しでは、板を動かす方向（左右どちらか）と距離との組み合わせの数だけ、エージェントは選択肢を持つことになる。

　これらを与えられたエージェントは、報酬、このゲームで言えば得点を最大化するようにプログラムされ、学習をしていくことになる。そしてここで非常に重要なのは、エージェントは学習の初期状態では、どのようにすれば報酬をもらえるのかを知らない、ということである。

エージェントの試行錯誤と予測

　先に述べた通り、ブロック崩しでは、ブロックを壊すと得点が与えられ、球が板に当たらずに板よりも下方に飛んで行ってしまうとゲームが終了してしまう。しかし、エージェントは初期状態ではそのことを知らない。なので、ただ闇雲に板を動かす。当然、初期状態では、ほとんど得点できずにゲームが終了してしまう。

　しかし、闇雲に板を動かしていれば、その内、偶然に球が板に当たり、ブロックが壊れ、得点を得ることがある。エージェントは、その時の状態と行動との関係性から、ある状態のときに、ある行動をとれば報酬がもらえる、という予測をするようになる。そして、次からは、同じ状況の時には、より多くの報酬がもらえることが予測される行動を選択するようになる。すると、それを何回も繰り返すことで、あらゆる状況に対して、報酬を最大化するための行動を選択できるようになるのである。

　もちろん、その行動の選択の過程では、ある行動によって得られる報酬

の期待値を推定することが必要になる。エージェントは、意思決定の各瞬間において、その期待値が最大である行動を選択することで、報酬を最大にしようとしているのだ。因みに、深層強化学習とは、この期待値の推定に深層学習を用いた強化学習と考えれば良い。

強化学習のエージェントと意思決定理論

これが強化学習のあらましである。もうお気づきだと思うが、強化学習のエージェントは、危険中立的に振る舞う意思決定者なのだ。報酬＝期待値＝期待効用とすれば、それがこれまで議論した意思決定理論と完全に対応することが分かるだろう。すなわち、強化学習のエージェントは、直面する状態において、どのように意思決定すればどのような結果が得られるか、その期待値を推定し、推定された期待値が最大の選択肢で行動を決定するわけだ。

そして深層強化学習における期待値の推定には、高度な事例ベース意思決定理論が使われていると理解すればよい。状態に関する情報を詳細にすることで、事例の類似度を測る要素を多くし、よりよく類似した事例のみを予測に使う、あるいは類似した仮想事例をより詳細に作り込んで予測の精度を高めているのだ。

ここにおいて、AI時代の意思決定に我々が果たす役割があぶりだされるのである。まずひとつは、少なくとも現在の技術では、仮想の意思決定者を機械の中に作ることはできるが、その意思決定者が扱う意思決定問題を機械に定義させることはできない。行動の選択肢として何を与えるかについても、状態をどのように認識させるかについても、あるいは何を報酬とするかについても、人間が決定する必要がある。つまり、深層強化学習を現実に応用しようと思うと、やはり意思決定問題の定義をきちんとしなければならないのだ。

AI時代の選択肢の定義

まず選択肢について考えてみよう。機械の意思決定のプロセスでは、今

のところ意思決定とそれに基づく行動は直結している。なので、行動を設計することが、そのまま選択肢の定義にあたるわけである。ただ、連続量を選択肢として与えるときに、前章で見たようないくつかの値に選択肢を絞って意思決定する、というようなことは必要ない。なぜなら、報酬がきちんと定義されていれば、自動的にそれを最大にする値を選択するようにできるからだ。

しかし、他のことについては人間の意思決定に基づく行動の設計とほとんど変わらない。機械がいつ、何を意思決定し、どのように動作するのか、あるいは動作することを許すのか、というのを、得たい効用と照らし合わせて考えなければならない。しかも、ブロック崩しの例で述べた通り、基本的に強化学習では、学習の初期はあらゆる行動を試してみることになる。人間なら常識的にその行動はとらない、というようなことも躊躇なくやってしまうのだ。

囲碁や将棋などのゲームでは、それは好ましい特性となった。人間が思いもよらない手を機械が指し、しかもそれが勝利につながる、ということが数多く起こった。しかし、現実世界では、それはかなり危険な諸刃の剣だろう。少なくとも、初期に機械が行動の選択肢を様々に試している間、許容できないような損失を伴うことの無いように行動や実験を設計することも必要になるのである。

AI時代の状態の定義

次に状態である。これまで何度も論じてきた通り、現実世界の状態を余すところなくデータ化した上、すべての状態を網羅することなどできない。やはり状態は抽象化されてデータになるのである。そうである以上、やはり何らかの人間の経験的主観によって、どのように状態を認識すべきかを決めなければならない。そしてもちろん、その結論として取得されるようになったデータは、意思決定に十分な程度に、考慮したい状態の実体を反映したものになっていなければならない。

これについては、ありとあらゆるデータを機械に与えて、必要なものを

選択させる、という方法も考えられるが、これとて、ありとあらゆるデータを生み出す機械（センサーなど）は人間が製作していて、それは、何かの状態を捉えるための必要から製作されているだろうから、人間の経験的主観と無関係ではいられないのである。

　あるいは、将来的には機械自身が状態を把握するために独自にセンサーなどを製作する、というようなことが考えられなくもない。そうすれば人間はそれに対して直接的に手間をかける必要は無くなる。しかしそれは、今のところ現実的ではないし、そのような段階に来た時には、それを無制限に許すのか、法的にも、あるいは天然資源的にも検討されることになるだろうから、また別の人間の経験的主観に基づいた意思決定が関係することになるはずだ。

AI時代の結果と効用との定義

　最後は報酬について考えよう。少なくとも現在の技術では、機械は危険中立的にしか意思決定ができない。ということは、それに意思決定を完全に任せようとするならば、機械に与える報酬は効用と直線的な関係になければならない。そして、機械に与える報酬は何らかの数値（データ）でしかあり得ないので、効用も数値として表さなければならない。

　ゲームであれば、得点や勝ち負け（値としては0か1）というように効用を数値として簡単に決めることが出来るだろう。しかし現実の意思決定では、効用を数値とすることがそれほど簡単なことではない、というのはこれまで論じた通りだ。

　その対策としてひとつ考えられるのは、人間が実際に行っている意思決定から、効用関数を推定する、という方法である。多くの場合、人間は効用を最大化するように意思決定していると考えられるので、その人間の意思決定と同じ意思決定をすることの報酬を1、そうでないことの報酬を0として深層強化学習をすれば、その報酬を予測することが効用関数を推定することと同じになる。

　しかし、これもこれまで述べてきた通り、確実性下であれば、人間は効

第6章　AI時代の意思決定と行動

用を最大化するように行動するが[31]、不確実性下では、期待効用を最大化しようとすることはできても、効用が最大化できるかどうかは分からないのである。加えて、意図しない形で経験的主観が意思決定に影響を及ぼし、期待効用では説明できないような意思決定をしてしまうことも多々あるのだ。

　そう考えれば我々はやはり、ある結果を最大化するための行動を機械から学ぶことはできても、効用を最大化することを機械に任せることは中々できないだろう。つまり、意思決定問題をしっかりと定義した上で、結果についてきちんと解釈し、効用について議論する、ということは、少なくともしばらくはなお、多くの場面で我々自身に求められるのである。

機械に必要とされる試行錯誤の場

　また、AI時代の意思決定に我々が果たす役割は、この意思決定問題の定義以外にもある。それは、機械に適切な試行錯誤の場を与える、そして、それが与えられない場合には機械に任せるのではなく、我々自身が意思決定をする、ということである。強化学習では、試行錯誤が必須である。機械は、様々な状態で様々な行動の選択肢を試し、その報酬との関係性を解析することで、次の意思決定の場面での行動をより良いものにしようとする。これは、第4章で扱った実験とその結果に基づく意思決定と同じようなものである。

　先の実験では、畑に多数の区画を設けて、ランダムに施肥を異ならせることで、様々な条件における結果を得て、それによって、施肥を異ならせることによる結果の違いを確率分布として推定した。強化学習が行う試行錯誤では、多数の区画というのが、毎回の意思決定の機会であり、ランダムに施肥を異ならせるというのが、行動の選択肢をとにかく試すことであ

---

(31) むしろ、そのような行動の選択によってはじめて、効用の大小関係が明らかになる、つまり、選んだ行動で得られたものの効用の方が、選ばなかった行動で得られたはずのものの効用より大きいということが分かる、と考えられている。

243

る。結局、学習の大きな枠組みは、我々と機械とで大きく異なるわけではない[32]。なので、強化学習を組み込んだ機械には、試行錯誤の場が必要なのである。

試行錯誤の場の与え方

　これについての対策としては、まず当然ながら、我々の行う実験と同様に、機械にも実験の場を与えてやれば良い。または、第5章で例示した意思決定のように、過去実績のデータを実験として捉えるやり方を機械に当てはめることもできるだろう。しかし、機械に与える試行錯誤の場としては、その特性を最大限に活かせるものが他にある。それは、サイバー空間上の仮想的な実験の場である。実は、AIの話題が盛り上がるきっかけとなった囲碁のプログラムなどは、それによって驚異的な棋力を身につけたのである。

　どういうことかと言うと、深層強化学習のエージェントに、先手後手双方の役割を持たせて、サイバー空間上で碁を打たせたのである。人間で言えば、一人でやる仮想対局であり、自己対局とも呼ばれる。人間が碁を打つとなると、実際に碁石を並べるにせよ、画面上で碁を打つにせよ、はたまた頭の中で打つにせよ、1局打つのにそれなりの時間がかかる。しかし、機械の自己対局は、驚異的短時間で終了する。例えば、当時のニュースで取り上げられたGoogleの子会社であるDeep Mind社の開発した、AlphaGo Zeroという最新のプログラムは、3日で500万局もの自己対局を行ったとされる。

　このような超高速なサイバー空間上での仮想的な実験は、人間にできるものではない。ただ逆に、全く実験ができない、事前に試行錯誤ができない状況では、機械に意思決定を任せるのはかなりリスクがある、というこ

（32）先に述べた通り、実際の人間の意思決定過程についての研究と密接に関係しながら発展してきた技術なので当然である。

第6章　AI時代の意思決定と行動

とだ。政治における意思決定や、ビジネスにおけるM&Aなどの大きな意思決定などがこれに当たるだろう。何の予見もなく行動を選択する場面では、強化学習はただランダムに行動を選択するだけである。また、過去に数回しか実績のない場面では、著しく精度の低い予測に基づいて行動を選択するしかない。

意思決定の評価とAI

　そのような場面では、我々も条件は同じなので、強化学習を組み込んだ機械よりも良い意思決定ができるかどうかは分からないが、少なくとも第4章で議論したような論理的な意思決定によって、複数の関係者でそれを良いものにするための議論ができるし、合意形成もできる。そして、そうすることによって、プロセス自体を我々が振り返り、分析することができる。それは、まず単にランダムな行動選択をする機械には代替できないものであろう。

　つまりそれは、意思決定によって生み出される価値を、結果だけによって評価しない、ということにつながるものである。結果は確かに重要ではあるが、そのプロセスについてきちんと振り返り、改善していけるように意思決定問題を定義し、論理的に意思決定を進めていくことそのものも価値になり得るのである。今のところ、機械はそのプロセスについては与えられるだけであり、自分でそれを評価して改善していくことはできない。これもやはり、我々人間の役割として、少なくともしばらくはなお、求められるものなのである。

機械に任せられる意思決定問題の条件

　そして、これまで論じたことを逆に考えていけば、機械に任せられる意思決定というのも見えてくるはずである。すなわち、以下にまとめたような性質をもつ意思決定であれば、現在の技術でも、機械に任せることができるし、任せた方が大きな効用が得られる可能性があるのだ。

機械に任せられる意思決定問題　①選択肢の定義：

意思決定に基づく機械の行動の選択肢を容易に設定できる。

かつ、予期せぬ大きな損失を招き得る行動を選択肢から除外することが可能である。

機械に任せられる意思決定問題　②状態：

状態をどのように抽象化してデータにするかが容易に設定できる。

かつ、そのデータは意思決定において知りたい状態の実体を十分に反映したものである。

機械に任せられる意思決定問題　③報酬の定義：

効用を何らかの値として表現することが容易である。

または、確実性下の意思決定であり、人間の意思決定が効用の大小と直接的な関係にある。

機械への試行錯誤の場の設定：

実際の意思決定とそれに基づいた行動を行う場面の前に、実験の場を与えることが可能である。

または、同様の意思決定を行った実績がデータ化された状態で豊富にある。

または、そしてできれば、サイバー空間上で仮想的な実験を行わせることが可能である。

どうだろうか。このような意思決定とそれに基づく行動が身近にあるのであれば、それは今後、機械に任せられる可能性のあるものである。例えば、工場における異物の除去作業などはその典型だろう。あるものを異物として取り除くかどうかを意思決定し、それに基づいてそのままにするか、取り除くか、というのは、意思決定問題として選択肢や状態を最も定義しやすいもののひとつだし、効用も異物の除去率のように値として設定しやすい。

第6章　AI時代の意思決定と行動

　より一般化するのであれば、完全にマニュアル化されている作業の内、行動が複雑ではないものは、恐らく選択肢と状態との定義が容易だろう。そうであれば、そのようなものの内、効用が何らかの値として設定しやすいものは、機械に任せられる可能性が高いと言えるだろう。

AI関連技術の発展が我々に突き付ける現実

　また逆に言えば、AI関連技術が発展したからといっても、機械に何かの作業を任せたいのであれば、意思決定問題の定義が明確になる程度にはその作業を定義してやらなければならない、ということだ。もちろんそれは、それら技術の発展前に機械に作業を任せようとした場合に比べれば、かなり簡便な定義であり得るし、そのために任せられる作業の幅も広がっているはずだが、それでもまだそれほど容易なものではないのである。

　そしてだからこそ、それを定義して機械をうまく使いこなせる人は、個人法人の別なく、そうでない人に比べて大きな効用を手に入れられる可能性が高まるし、それはそれらの人々の間の格差を広げることにもつながろう。本書はその是非を問うものではないが、少なくともそれは、AI関連技術の発展が我々に突き付けている現実である。

　つまり、AI時代だからこそ、我々は、我々自身の意思決定に、これまで以上に真摯に向き合うことを求められているのだ。そしてだからこそ今この時代に、データサイエンスと意思決定理論とを融合させて理解することが必要とされるのではないだろうか。

参考文献

De Mauro, A., Greco, M., & Grimaldi, M. (2016). A formal definition of Big Data based on its essential features. Library Review, 65 (3), 122–135.

David Silver, et al. (2016). Mastering the game of go with deep neural networks and tree search. Nature, 529, 445–446

David Silver, et al. (2017). Mastering the Game of Go without Human Knowledge. Nature, 550, 354–359

Gilovich, T., Vallone, R., & Tversky, A. (1985). The Hot Hand in Basketball: On the Misperception of Random Sequences. Cognitive Phychology, 17, 295–314.

Le, Quoc V., et al. (2012). Building High–level Features Using Large Scale Unsupervised Learning. In Proc., ICML 2012.

Tversky, A. & Kahneman, D. (1981). The Framing of Decisions and the Phychology of Choice. Science, 211, 453–458.

Tversky, A. & Kahneman, D. (1992). Advances in Prospect Theory: Cumlative Representation of Uncertainty. Journal of Risk and Uncertainty, 5, 297–323.

伊東朋子 (2008). 「ランダム系列の誤認知」に関する先行研究の概観と解明すべき課題. 早稲田大学大学院教育学研究科紀要, 別16 (1), 129-140.

河本 薫 (2013). 『会社を変える分析の力』. 講談社.

神取道宏 (2016). 『ミクロ経済学の力』. 日本評論社.

高山久明・合田政次・矢田殖朗・山口恭弘 (1999). 和船人力推進における熟練者の櫓漕ぎ法の分析. 日本航海学会論文集, 100, 81-89.

竹村和久・吉川肇子・藤井 聡 (2004). 不確実性の分類とリスク評価──理論枠組みの提案. 社会技術研究論文集. 2, 12-20.

竹村和久 (2009). 『行動意思決定論──経済行動の心理学』. 日本評論社.

張 剣・渡部和彦・馬淵麻衣 (2008). サッカー熟練者と非熟練者の予測正確性および視覚探索方略に関する研究──1対1と3対3場面についての比較. 体育学研究, 53, 29-37.

鳥海不二夫 (2018). 『強いAI・弱いAI──研究者に聞く人工知能の実像』. 丸善出版.

長滝祥司 (1999). 『知覚とことば──現象学とエコロジカル・リアリズムへの誘い』. ナカニシヤ出版.

西内 啓 (2013). 『統計学が最強の学問である』. ダイヤモンド社

西内 啓 (2014). 『統計学が最強の学問である [実践編]』. ダイヤモンド社

西内 啓 (2016). 『統計学が最強の学問である [ビジネス編]──データを利益に変える知恵とデザイン』. ダイヤモンド社

野島千秋・星川恵理・足立和隆・渡邊乾二 (2000). 運動解析法によるジャガイモの裏ごし操作における熟練者と非熟練者の比較. 日本食品化学工学会誌, 47 (11), 857-863.

広田すみれ (2015). 日本の一般市民のニューメラシーや教育水準が意思決定バイアスに与える影響. Cognitive Studies, 22 (3), 409-425.

広田すみれ・増田真也・坂上貴之 (2018). 『心理学が描くリスクの世界 第3版──行動的意思決定入門』. 慶應義塾大学出版会.

藤井　聡・竹村和久 (2001). リスク態度と注意——状況依存焦点モデルによるフレーミング効果の計量分析. 行動計量学, 28 (1), 9–17.

マイヤー＝ショーンベルガー, ビクター・クキエ, ケネス (2013).『ビッグデータの正体—情報の産業革命が世界のすべてを変える』(斎藤栄一郎訳). 講談社.

松井彰彦 (2002).『慣習と規範の経済学——ゲーム理論からのメッセージ』. 東洋経済出版社.

松尾豊編著 (2016).『人工知能とは』人工知能学会監修. 近代科学社.

ヴィトゲンシュタイン (2015).『論理哲学論考』(丘沢静也訳). 光文社電子書店.

ギルボア, イツァーク・シュマイドラー, デビッド (2005).『決め方の科学——事例ベース意思決定理論』(浅野貴央・尾山大輔・松井彰彦訳). 勁草書房.

ギルボア, イツァーク (2014).『不確実性下の意思決定理論』(川越敏司訳). 勁草書房.

プロヴォスト, フォスター・フォーセット, トム (2014).『戦略的データサイエンス入門——ビジネスに活かすコンセプトとテクニック』(竹田正和監訳). オライリー・ジャパン.

おわりに

私は10年ほど前に博士号を取得し、ビジネスにおけるデータ活用を主業務とする会社で、データサイエンティストとしてのキャリアをスタートさせた。人間の必要とする資源に限りがあるからには、データをうまく活用してそれを最大限効率的に利用する必要があると考えていたことが、その会社を選んだ一番の理由だった。

初めての仕事は、ある通販企業のウェブサイトを、データ解析を通じて改善する、というようなものだった。幸いにも、その企業の担当者はそれに理解があり、私のデータ解析の結果は、ウェブサイトの改善とそれによる売上げの増加に多少なりとも結びついた。滑り出しは順調。私自身、データサイエンティストとしての自信を得たし、会社からも様々なクライアントで様々なデータ活用に挑戦する機会を与えられた。

しかしその後、意気揚々と持ち込むデータ解析の結果が、クライアントの意思決定に結びつかなかったり、結びついたとしても意図したものと異なったり、という経験を何度かした。それは今思えば、ひとつには私の意思決定問題の定義が甘かったことに起因し、もうひとつには、そもそもクライアント企業の担当者がデータに基づく意思決定を経験したことがなかったことに起因していたように思う。

例えば私にとって、ふたつの選択肢のどちらを選択すべきなのか、というのは、実験結果の平均値と信頼区間だけで判断できるものであり、差が明確にあるにも関わらず意思決定ができないクライアントをいぶかしがった。そして例えばクライアントにとっては、平均値はあくまでも実績であり、将来のことについての予測は全く別の方法論によって魔法のように導き出されるものだった。

今ならわかる。前者は私が効用について理解していなかったからだし、後者は私がクライアントに平均値が期待値となることを説明していなかったからである。そしてそもそもクライアントは、期待値と効用とを勘案して意思決定することに慣れていなかったのである。しかし、その頃の私は

まだ、データサイエンスに関する技術は知っていても、意思決定というものがどういうものであるかはきちんと考えられていなかった。というよりも、危険中立的な意思決定以外の存在を知らなかったし、恐らくそれ以外のものは非論理的なものと考えていた。

それでも私は、データ解析の結果のプレゼンテーションを繰り返すことによって、経験的にそれらの問題を乗り越える術を覚えていった。クライアントにとっての結果とは何かを詳細に考え、ヒアリングし、解析結果が意思決定においてどういう意味を持つものなのかを丁寧に分かりやすく説明する方法を磨いた。その中で、危険中立的な意思決定がすべてではない、という考えを持つようにもなった。しかし、その理論的裏付けはついに得ないままだった。

転機となったのは、3年前に大学の教員になったことである。私が所属しているのは、経営情報学部、という所謂学際的な学部である。それまでビジネス書として経営に関する本は読んだこともあったが、専門書は読んだことが無かった。そこで、せっかく教員になったのだから、と思い経営に関する専門書をいくつか手に取ってみた中で、意思決定理論というものの存在を知った。

そして最初に読んだ専門的な書籍が、ギルボア・シュマイドラー（2005）「決め方の科学—事例ベース意思決定理論」だった。初めてそれを読んだとき、その理論が、データサイエンスと経験的主観とを見事に融合できるものであることに衝撃を受けた。そこには、私がビジネスでのデータサイエンスの応用を経験した中でぼんやりと考えていたことが、非常に明快に、かつ論理的に語られていた。

同じころ、冒頭に述べた通り、データサイエンスの産物は、すさまじい勢いで社会に浸透していた。ICTも発展し続け、移動通信が第5世代に変わろうかという中で、IoT社会の実現が叫ばれるようにもなった。そしてまた、AIのニュースが一般的なニュースとなってもいった。そうして私は、そのような時代だからこそ、データサイエンスを意思決定の側面から論じることが、多くの人に有用なのではないだろうか、と感じ始めたのである。

本論で述べた通り、我々は多くの意思決定を、構造に関する無知下で行わざるを得ない。そのため、「唯一正しい」意思決定を諦めざるを得ず、「なるべく良い」意思決定を模索することしかできない上、その意思決定が「良い」ものであったかどうかさえ、完璧な指標で評価することはできないのだ。

　それでもなお、データサイエンスと意思決定理論を組み合わせて論理的な意思決定をすることは可能なのである。もちろんそれが唯一の方法ではないが、それらを知ることは、意思決定について複数の人で効率的に議論することを容易にし、意思決定の価値を、得られる結果だけでなく、プロセス全体でも評価することをも容易にする。それはまさしく、AI時代とも呼べる今、多くの人に求められるものであるはずだ、というわけである。

　本書は、そのような背景から書かれたものだ。それが、意図した通り、データサイエンスや意思決定理論の入門として十分な役割を果たせたかは分からない。そして、データサイエンスと経験的主観とを融合した意思決定についての議論は、まだまだ稚拙なものだったかもしれない。

　しかし、少なくとも、データサイエンスと経験的主観とが、意思決定という土俵において決して無縁でないことは多くの読者に理解していただけたのではなかろうか。そしてまた、データに基づく予測や分類の技術がいくら進歩しても、あるいは強化学習のように人間の行う意思決定を代行し得る技術が発展していたとしても、少なくとも今のところ、いや、そういうものの活用が叫ばれる今だからこそ、我々は、我々の意思決定と真摯に向き合うべきなのだ、ということに同意していただけた読者がいたなら筆者としては至上の喜びである。

　最後に、私にものの見方、考え方を教えていただいた、九州大学旧農学部飼料学教室の皆さん、特に指導教官であった増田泰久元教授に感謝します。また、ビジネスにおけるデータサイエンスの応用について、たくさんの挑戦と経験の機会をくださった、株式会社ブレインパッドの皆さん、特に新卒で採用された右も左も分からない私を丁寧に指導していただいた安田誠取締役には、本当にお世話になりました。これからもよろしくお願い

おわりに

します。最後に、私に本書を書くきっかけを与えてくださった多摩大学と
その教員の皆さまと、その時間を与えてくれえた家族に最大限の謝意を表
します。

著　者

佐藤　洋行（さとう・ひろゆき）

九州大学大学院修了（農学博士）。大学院にてリモートセンシング画像解析の研究に従事し、2008年ブレインパッドに入社。化粧品会社をはじめとする大手通販企業のデータ分析プロジェクトにプロジェクトマネージャーおよびデータサイエンティストとして携わる。現在は、プライベートDMPなどのデジタルマーケティングソリューションを提供するマーケティングプラットフォーム本部の副本部長を務める。2014年1月Qubitalデータサイエンス取締役に就任。ダイレクトマーケティング、R&D、テキストマイニングなど幅広い分野でのデータ分析に精通している。2016年4月より多摩大学経営学部経営情報学科准教授を兼任。EMCデータサイエンティスト育成コース講師資格、KXEN Professional Certificationを保有。著書に『データサイエンティスト養成読本』（共著、技術評論社）がある。

AI時代の意思決定とデータサイエンス

著　者：佐藤　洋行

発行日：2019年8月11日　初版第1刷

発　行：多摩大学出版会

　　　　代表者　寺島実郎

　　　　〒206-0022
　　　　東京都多摩市聖ヶ丘4-1-1　多摩大学
　　　　Tel　042-337-1111（大学代表）
　　　　Fax 042-337-7100

発　売：ぶんしん出版
　　　　東京都三鷹市上連雀1-12-17
　　　　Tel 0422-60-2211　Fax 0422-60-2200

印刷・製本：株式会社 文伸

ISBN 978-4-89390-158-3
ⓒ Hiroyuki SATO 2019 Printed in Japan

本書は、著作権法上の保護を受けています。本書の一部あるいは全部を
無断で複写・複製、転記・転載することは禁止されています。乱丁・落丁
本はお取り替えします。